여름어 사전

여름의 사전

아침달

여름어 사전

1판 1쇄 펴냄 2025년 6월 18일
1판 6쇄 펴냄 2025년 7월 30일

지은이 아침달 편집부
펴낸이 손문경
편집 서윤후, 정채영, 이기리
디자인 김정현, 정유경, 한유미

펴낸곳 아침달
출판등록 제2013-000289호
주소 04029 서울시 마포구 양화로7길 83, 5층
전화 02-3446-5238
전자우편 achimdalbooks@gmail.com

ⓒ 아침달, 2025
ISBN 979-11-94324-79-9 02810

이 도서의 판권은 지은이와 출판사 아침달에게 있습니다.
양측의 서면 동의 없이 책 내용의 전부 혹은 일부의 재사용을 금합니다.

*책값은 뒤표지에 있습니다.

"여름에 피운 마음이 그곳에 잘 당도하기를"
우리가 간직한 157개의 여름 단어

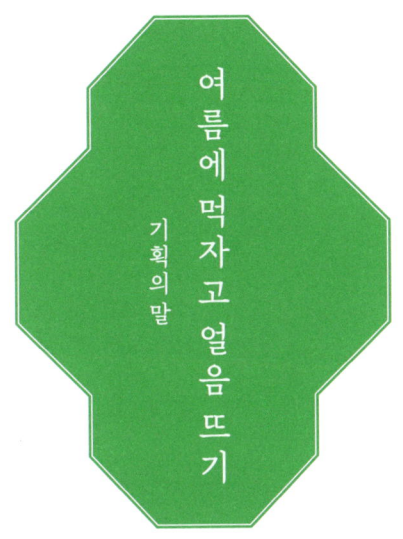

여름에 먹자고 얼음 뜨기

기획의 말

집에 하나쯤 있을 법한 사전을 떠올린다. 상비약처럼 필요할 때를 염두에 두고 갖춰놓은 두꺼운 책. 한 세계가 그 안에 응축해 담겨 있다고 생각하면 굳이 펼쳐보지 않아도 든든하다. '여름에 먹자고 얼음 뜨기'라는 옛 속담이 있다. 큰일에 쓰기 위해 미리 준비한다는 뜻이다. 사전은 언제나 그렇듯, 다가올 일들에 대한 단단한 준비. 단어들이 이루는 방파제에 기대어 시간의 흐름을 두고 보는 일일 것이다. 『여름어 사전』은 우리가 보낸 지난여름의 일들이 불거져오는 단어들을 이으면서 동시에, 다가올 여름에 대한 준비이기도 하다.

어느샌가 딱딱하던 사전의 의미가 옅어지고, 다양한 얼굴로 범람하며 사전 형식을 빌려온 책들이 많아졌다. 여기에는 무언가를 골똘히 탐구하고 싶어 하는 사랑의 마음이 깃들어 있다. 궁금해하는 것, 가까이 다가서고 싶은 것, 친해지고 싶은 것, 알고 싶은 것. 대상에 골몰했던 시간이 문장 위로 옮겨져, 마침내 알거나 깨닫게 되는 것으로 가닿는 노력까지가 사랑이다. 이 책이 사전으로 기획된 이유이기도 하다.

어느 순간부터 여름은 뜨겁게 호응받는 소재로 자리매김했다. 그 역사야 날씨를 감각하게 된 시점부터 그 유래를 함께하겠지만 최근 시집에서도 여름이라는 날씨를 자주 접하게 되었다. 여름을 두고 전개되는 시적인 장면과 한 세계를 뜨겁게 호흡하는 시들을 읽으면, 일순간 여름의 정취에 휘감기게 된다. 쉽게 뗄 수 없는, 쉽게 만질 수 없는 어떤 거리감에서 여름은 늘 시 안에서 불거져왔다.

단지 이러한 이유가 여름이 문학적이라는 사실을 설명하긴 어려울 것이다. 적어도 여름이 가지고 있는 생동하는 이미지는, 충분히 읽고 쓰는 사람에게 매혹적으로 다가온다는 점에서 설명을 다시 시작해볼 수 있다. 여름이 호명하는 선명하고 맑은 존재들, 그리하여 존재감을 드러내기 시작하는 장소들, 시시각각 변하는 날씨의 속

성도, 진득하게 남아 있지 않고 들끓어 오르는 심성도 여름의 품 안에 있는 것들이다.

여름은 살아 있는 많은 존재를 흔들어 깨운다. 폭염처럼 잔혹하고 견디기 어려운 방식을 채택하기도 하고, 태풍처럼 때론 거침없이 휘몰아치며 그 위엄을 드러낸다. 긴 저녁과 긴 밤을 만들어 우리에게 이야기할 겨를이 되기도 한다. 그 많던 이야기는 모두 어디로 흘러갔을까. 여름에 발생하여 한 시절의 소실점으로 영원히 기억되는 여름의 낱말들을 모아 사전 형식으로 담았다. 자신도 모르게 여름이 붙잡아둔 일화가 157개의 단어의 새로운 의미로 수록되었다.

이 책에 담긴 단어의 사전적 정의로부터 걸어 나와 단어 하나가 품고 있던 한 사람의 이야기로 도착하는 그 단편적인 순간을 여름으로 기억해주었으면 한다. 어쩌면 삶은 가장 처음 알게 된 의미로부터 멀어지는 것일지도 모르겠다. 그렇게 자기만의 의미로 도착하는 일을 삶이라고 불러보고 싶다. 그러나 잃어버리고 싶지 않은 소중한 의미도 살면서 생기기 마련이다. 어떤 의미를 보온하기 위해서는 이야기가 필요하다. 여름의 열기를 지켜온 단어마다 그 이야기가 있다. 그러면 자신도 여름 속에서 차마 헹구지 못했던 단어나 이야기를 하나쯤 떠올려보게 될 것이다. 이야기가 다른 이야기를 두드릴 수도 있다는 믿음은 모든 책의 기원이다. 당신이 이 책을 읽는 동안, 이 책도 당신이 하나쯤 품고 여름을 움직여보았을 단어를 궁금해할 것이다.

아침달에서 책을 기획하고 만들고 있는 네 사람이 원고 집필에 참여했다. 각자 여름을 떠올렸을 때 생각나는 단어를 수집해 가져왔고, 그 단어들로부터 각자 몫의 이야기를 쓰는 것으로 출발했다. 함께할수록 여름의 더 깊은 곳까지 다녀올 수 있겠다는 생각이 들어 아침달에서 시집을 출간한 시인들에게도 단어 한 개의 몫을 부탁했다. 많은 시인이 청탁에 응해주었다. 아침달 북클럽 클로버 회원에게도 공모를 받아 함께 수록했으니 이 책은 여름으로 가는 동안의 끝말잇기. 여름이 이끌어준 합심合心이기도 하다.

모든 단어가 그렇듯, 한 문장 한 장면으로는 간추릴 수 없는 깊고 넓은 진폭을 지녔다. 우리는 살면서 얼마나 많은 단어들의 안쪽을 다녀와 볼 수 있을까. 책은 그 혼자 갈 수 없는 말들의 여정에 동행한다. 서로를 업고, 때로는 부축하며, 언젠가는 멀찍이 떨어져 그림자밟기를 하며. 말없이 동행하는 이 여름의 단어들이 다가올 여름을 마중하고, 지나간 여름을 배웅할 것이다. 무심코 펼친 단어와 우정을 나누다가 때론 나의 이야기를 돌려주면서.

읽자마자 잊히는 단어들 사이에서도 끝내 사운거리는 단어의 꼬리를 잡는 여름. 차갑게 짓고 있던 얼굴에서 뜨거운 뺨을 꺼내어 함께 부대끼는 일. 이 책은 우리가 끝말잇기처럼 여름의 단어를 서로 엮어다 여름을 함께 움직여보았다는 뜻일 테다. 단어 안에서 만나본 적 있다는 약속의 징표이자, 시간에 다가서는 새로운 자세. 여름도 내내 궁금해할 것이다. 우리 마음속 맑게 헹군 단어, 어디에서 시작되어 어떻게 기억하고 있었는지.

2025년 6월
여름을 준비하며, 아침달 편집부

목차

기획의 말

여름에 먹자고 얼음 뜨기 · 007

ㄱ

각설탕 · · · · · · · · · · · · · · · · 021
감기 · · · · · · · · · · · · · · · · · · 022
개운하다 · · · · · · · · · · · · · · 023
건널목 · · · · · · · · · · · · · · · · 024
겨울 · · · · · · · · · · · · · · · · · · 025
계곡 · · · · · · · · · · · · · · · · · · 026
고양이자리 · · · · · · · · · · · · 028
고요 · · · · · · · · · · · · · · · · · · 030

굴타리먹다 · · · · · · · · · · · · 032
그늘 · · · · · · · · · · · · · · · · · · 034
그물코 · · · · · · · · · · · · · · · · 036
기찻길 · · · · · · · · · · · · · · · · 038
긴긴해 · · · · · · · · · · · · · · · · 039
껍질 · · · · · · · · · · · · · · · · · · 041
꽃다짐 · · · · · · · · · · · · · · · · 042

ㄴ

나무말미 · · · · · · · · · · · · · · 045
낙원 · · · · · · · · · · · · · · · · · · 046
낙하 · · · · · · · · · · · · · · · · · · 047
납량 · · · · · · · · · · · · · · · · · · 048

냉방병 · · · · · · · · · · · · · · · · 050
너무 · · · · · · · · · · · · · · · · · · 051
눅진하다 · · · · · · · · · · · · · · 052
능소화 · · · · · · · · · · · · · · · · 053

목차

ㄷ

다이빙 · · · · · · · · · · · · · · 057

돌림곡 · · · · · · · · · · · · · · 058

들끓다 · · · · · · · · · · · · · · 061

들살이 · · · · · · · · · · · · · · 062

ㄹ

라디오 · · · · · · · · · · · · · · 065

레몬 · · · · · · · · · · · · · · · · 066

레몬케이크 · · · · · · · · · · 068

레지오넬라 · · · · · · · · · · 070

리듬 · · · · · · · · · · · · · · · · 071

ㅁ

마실 · · · · · · · · · · · · · · · · 075

매미 · · · · · · · · · · · · · · · · 078

매실 · · · · · · · · · · · · · · · · 080

맨발 · · · · · · · · · · · · · · · · 081

메로나 · · · · · · · · · · · · · · 082

메밀 · · · · · · · · · · · · · · · · 083

모기 · · · · · · · · · · · · · · · · 084

모깃불 · · · · · · · · · · · · · · 086

모시 · · · · · · · · · · · · · · · · 087

모자 · · · · · · · · · · · · · · · · 089

문신 · · · · · · · · · · · · · · · · 091

물 · · · · · · · · · · · · · · · · · · 092

물꽃 · · · · · · · · · · · · · · · · 094

물비린내 · · · · · · · · · · · · 096

뭉게구름 · · · · · · · · · · · · 097

미수 · · · · · · · · · · · · · · · · 099

목차

ㅂ

발톱 · · · · · · · · · 103	보조개 · · · · · · · · · 116
방방이 · · · · · · · · · 104	복숭아절임 · · · · · · · · · 117
배웅 · · · · · · · · · 106	부스러기 · · · · · · · · · 118
배차간격 · · · · · · · · · 108	부채 · · · · · · · · · 119
백조자리 · · · · · · · · · 109	빗낱 · · · · · · · · · 120
버찌 · · · · · · · · · 111	빙수 · · · · · · · · · 122
버터동굴 · · · · · · · · · 112	빛나다 · · · · · · · · · 124
벤치 · · · · · · · · · 113	빨대 · · · · · · · · · 126
보글보글 · · · · · · · · · 115	

ㅅ

산돌림 · · · · · · · · · 129	소멸 · · · · · · · · · 141
삼삼히 · · · · · · · · · 132	소분하다 · · · · · · · · · 142
상하다 · · · · · · · · · 133	소설 · · · · · · · · · 144
샌들 · · · · · · · · · 134	손수건 · · · · · · · · · 146
생맥주 · · · · · · · · · 136	손차양 · · · · · · · · · 147
선글라스 · · · · · · · · · 137	쇄골 · · · · · · · · · 148
선퇴 · · · · · · · · · 139	수돗가 · · · · · · · · · 150
소름 · · · · · · · · · 140	수박 · · · · · · · · · 151

목차

수박향 은어 ·········· 153
스쿠터 ············· 154
슬리퍼 ············· 155
시클라멘 ············ 156

시폰케이크 ··········· 158
식탁보 ············· 159
실바람 ············· 160

ㅇ

아버지 ············· 163
아이스 카페라테 ······· 164
안경 ··············· 165
안티푸라민 ·········· 166
앵 ················ 167
야행성 ············· 168
언덕 ··············· 169
얼음 ··············· 171
얼음물 ············· 172
에코백 ············· 174
여름사랑단 ·········· 175

여름이불 ············ 177
여름잠 ············· 178
여울 ··············· 179
열대야 ············· 180
오이냉국 ············ 182
옥상 ··············· 184
옥시시 ············· 185
외갓집 ············· 186
이슬땀 ············· 187
일광화상 ············ 188
일요일 ············· 190

목차

ㅈ

자귀나무·············· 193	장마················ 206
자매결연············· 195	정류장··············· 207
자장가··············· 199	조근조근············· 208
자전거··············· 200	중력················ 209
작달비··············· 202	진짜················ 211
작약················ 203	찝찝하다············· 212
잠수················ 204	

ㅊ

차렵················ 215	찹쌀떡··············· 220
찬란하다············· 216	촉촉하다············· 221
찰박이다············· 218	칠월 송아지 ········· 222
참외················ 219	

ㅋ

카페················ 225	크리스마스············ 231
커피················ 229	클로티드크림·········· 232
콩국수··············· 230	

목차

ㅌ

터지다 · · · · · · · · · · · · · · · 235
텃밭 · · · · · · · · · · · · · · · · · 236
토토 · · · · · · · · · · · · · · · · · 238
튜브 · · · · · · · · · · · · · · · · · 239

ㅍ

파라솔 · · · · · · · · · · · · · · · 243
팔도비빔면 · · · · · · · · · · · 244
팻 매스니 · · · · · · · · · · · · 245
평상 · · · · · · · · · · · · · · · · · 246
포도 · · · · · · · · · · · · · · · · · 247
폭우 · · · · · · · · · · · · · · · · · 249
폭포 · · · · · · · · · · · · · · · · · 255
풀장 · · · · · · · · · · · · · · · · · 257
풋사랑 · · · · · · · · · · · · · · · 258
플룸라이드 · · · · · · · · · · · 260

ㅎ

할머니 · · · · · · · · · · · · · · · 263
호수공원 · · · · · · · · · · · · · 264
홍수 · · · · · · · · · · · · · · · · · 266
홑 · · · · · · · · · · · · · · · · · · · 269
화채 · · · · · · · · · · · · · · · · · 270
후드득 · · · · · · · · · · · · · · · 271
후터분하다 · · · · · · · · · · · 272
휴가 · · · · · · · · · · · · · · · · · 274

[일러두기]

- 이 책에 수록된 단어의 사전적 정의는 표준국어대사전에서 가져왔으며, 사전에 게재되어 있지 않은 신조어, 상품명, 속담, 합성어 등에 대한 뜻은 백과사전, 상품 설명 등을 참고하여 정리/게재했습니다.

- 각 원고를 집필한 저자는 원고 말미에 첨자로 적혀 있으며, 실명 혹은 필명으로 기재되었습니다. 아침달 편집부를 비롯, 아침달에서 시집을 출간한 저자들, 북클럽 클로버 등이 필자로 참여하였습니다.

각설탕◇감기◇개운하다◇건널목◇겨울◇계곡
고양이자리◇고요◇굴타리먹다◇그늘◇그물코
기찻길◇긴긴해◇껍질◇꽃다짐

각설탕

각설탕이 나오는 동화를 읽은 적 있다. 초등학교 저학년 때라 어떤 내용인지는 잘 기억나지 않지만, 그 동화에 나오는 각설탕을 만지고 싶어 애가 탔던 것 같다. 각설탕은 예쁘다. 그저 바라보고만 싶다가도 포장지를 벗기고 앙, 깨물어 없애고 싶다. 블랙커피에 넣어 먹는 용도로 많이 쓰이지만 안온한 고체 덩어리를 입안에서 가득 넣고 부서지지 않는 햇살처럼 잔뜩 음미하고 싶다. 설탕 입자를 모아 만든 하나의 달콤한 주사위. 녹아 없어지지 않길 바라는 마음에서 각진 사탕을 먹는 것처럼 입안에 요리조리 굴려본다. 각설탕에게 가장 안전하고 어울리는 자리는 어디일까. 티스푼이나 구겨진 포장지 위에 놓인 각설탕. 여름 더위에 지칠 때 냉동고에 얼려둔 각설탕 한 개 깨물면 그만큼 시원한 것도 없다. 나의 모든 기분과 감정, 쓰다듬고 싶은 이름들과 자리를 '각설탕'화해본다.

⁑능소화⁑

뜻
[명사] 직육면체 모양으로 만든 설탕.

감기

나는 해마다 여름 감기에 걸린다. 얼마나 고약한지 주사를 맞아도 낫지 않는다. 이불을 덮으면 너무 덥고 이불을 차면 머리부터 발끝까지 냉기가 도는 이상한 계절. 그래도 아플 때 간호해줄 사람이 있어서 다행이다. 세상 모든 여름을 다 준다고 해도 바꾸지 않을 사람. 여름에 떠오르는 단어들을 하나씩 지우면 마지막에 만날 이름. 이 맛에 감기에 걸린다. ‡오뉴월 강아지‡

[명사] 주로 바이러스로 말미암아 걸리는 호흡 계통의 병. 보통 코가 막히고 열이 나며 머리가 아프다.

개운하다

이전 기운에서 벗어나 맑고 청량함을 느끼고 싶을 때, 몸과 마음의 기운이 바뀔 때 느끼는 감각이다. 땀을 흘리는 여름에 자주 접할 수 있는 찰나이기도 하다. 땀을 흠뻑 흘린 뒤 샤워를 하고 나왔을 때, 수영을 마치고 따뜻한 컵라면을 먹을 때, 얼음이 가득 든 잔 표면의 물방울을 손가락으로 터뜨릴 때, 에어컨 필터의 먼지를 씻어내고 말려 다시 끼운 뒤 찬 바람을 맞을 때, 찬물에 헹군 자두의 표면이 햇빛에 반사되어 반짝일 때, 모두 물을 만나 전환되는 기운이기도 하다. 물이 잠깐의 열기를 식혀주고 홀가분한 기분을 선사할 때의 모든 느낌. 그리고 누구나 하나쯤은 자기만 간직하고 있는 개운함도 있을 것이다. ‡넝쿨‡

뜻

[1] [형용사] 기분이나 몸이 상쾌하고 가뜬하다.
[2] [형용사] 바람 따위가 깨끗하고 맑은 느낌이 있어 상쾌하다.
[3] [형용사] 음식의 맛이 산뜻하고 시원하다.

건널목

샐리가 건너편에 서 있다. 샐리는 찡그리고 있다. 묵직한 햇볕에 눌리고, 그 햇볕에 지친 수호령까지 어깨에 얹어 놓은 채. 건널목은 소금만 남은 해협 같다. 담담한 것 없는 계절, 담담하지 않은 태양. 여름은 쓰리고 가려워 자꾸 제 살점을 긁어내는 꼽추 같다. 등에 꽂힌 깃발 같은 시선들. 깃발이 쓰러지면 지는 거야. 버티고 서 있는 사람들.

신호가 바뀐다. 건널목 위로 사람들이 화악 피어난다. 샐리는 빠르게 길을 건너 멀어진다. 건널목은 일순 텅 빈다. 각각의 사랑이 그런 모양새인 것을 나는 봤다. 민의가 그랬고, 이념이, 신앙이 그랬다. 저 붉은 흉터 같은 꽃도 그렇다. 꽃은 허구와 같다. 허구는 꽃과 같다. 허구 앞에서 흔들리지 마라. 샐리, 지는 것 앞에서 슬퍼하지 마라. ‡언덕 위의 호세‡

뜻

[명사] 철로와 도로가 교차하는 곳.

겨울

우리가 지나온 계절, 그리고 우리에게 다가올 계절. 우리의 기억을 가운데에 두고 계절들이 공전한다고 말해볼 수도 있겠습니다. 우리의 겨울이 다 낡기 전에 여름이 와서 다행입니다. 이번 겨울에는 지난겨울의 기억들이 어떻게 변주되어 돌아올지 벌써 걱정이 되곤 합니다. 기억으로 다시 만날 때까지 함께 나눌 여름의 이야기들, 여기에서 모아두겠습니다. 그리하여 올겨울엔 한 줄의 시를 쓰게 될 수도, 어쩌면 한 줄의 시를 지우게 될지도 모르겠어요. ‡육호수‡

뜻

[명사] 한 해의 네 철 가운데 넷째 철. 가을과 봄 사이이며, 낮이 짧고 추운 계절로, 달로는 12~2월, 절기節氣로는 입동부터 입춘 전까지를 이른다.

계곡

물속에 가라앉은 크고 작은 돌들이 훤히 보이는 맑은 계곡에 도착하면, 가져온 수박이나 음료수를 평상에 걸어 담가놓았다. 밥 먹기 전까지 열심이던 공복 수영. 워터파크나 수영장이 가진 삼엄한 질서에서 잠시 벗어나 귀에 걸면 귀걸이, 코에 걸면 코걸이가 되는 헤엄. 돌을 주워다 계곡 속에 나만의 방이나 담벼락을 세워보기도 하고, 송사리 잡는 데 혈안이 되어 코로 물을 마셔도 웃음만 나던 풍경. 그 많던 평상은 누구의 것이었을까? 어른이 되고

나서 그 평상에도 주인이 있고, 값을 치러야 했다는 것을 알게 되었을 때의 작은 충격. 평상 위에는 계곡에 와서도 음식을 만들고, 과일을 깎아 담고, 하나라도 더 먹이려고 평상의 모서리를 분주히 오가는 외할머니와 물에는 절대 들어가지 않는 엄마와 놀아줄 생각 없이 시큰둥하게 앉아 만화책을 읽는 어린 외삼촌, 볼을 빵빵하게 부풀리며 튜브에 바람을 불어넣고 있는 아빠. 왜 그들은 계곡에 와서 평상에 앉아만 있었을까?

어른이 되는 건 유년의 뒷모습을 보는 일. 그 풍경이 만들어주었던 사건 하나로 다시 재구성되는 일. 계곡에는 그런 향수가 있다. 잠시 아무것도 드리우지 않고 맑게 얼굴을 헹구는 일. 오랫동안 물에 있어 노곤한 몸을 차 뒷좌석에 싣고, 물기가 말라가는 동안 부드러워진 살결을 차 시트에 뒤척이며 잠을 청하는 일. 차가 흔들리는 줄도 모르고 하염없이 낮잠에 다녀오는 행복. 그렇게 돌아오는 일까지가 모두 계획이었다는 듯이. ‡넝쿨‡

뜻

[명사] 물이 흐르는 골짜기.

고양이자리

고양이는 방황하는 존재다. 어디 한군데에 진득하게 머무르지 않는다. 곳곳을 누비는 대신 고양이는 가장 첨예한 온도계가 된다. 추운 곳, 따뜻한 곳, 서늘한 곳, 미지근한 곳, 포근한 곳, 눕기 좋은 곳, 햇빛이 잘 드는 곳, 햇빛 없이 아늑한 곳을 모두 아는 지도를 몸에 새기고 있기 때문이다. "고양이 누운 자리로 가면 손해볼 일 없다." 내가 지어낸 속담이다. 고양이는 집에서 가장 안락한 곳을 찾아 먼저 안착한다. 특히 여름에는 가장 시원한 자리를 잘 알고 있다. 햇볕 하나 끼어들 틈이 없는 침대 밑 그늘진 자리. 차가운 대리석이 깔려 있는 싱크대나 바람이 드나드는 베란다 문턱. 가장 선호하는 곳은 신발을 신고 벗는 신발장 현관. 거기가 한여름에도 차갑다는 것을 고양이 자리로 알게 되었다. 구석구석을 누비는 털북숭이 고양이 덕분에 이곳저곳 청소를 하지 않을 수가 없다. 먼지 구덩이에 뒹군 채로 여기저기 쏘다니면 안 되니까. 고양이가 어디에 있는지 살펴보면 그 생동하는 풍경 속에서 고양이라는 온도계, 풍향계를 만날 수 있다. 자기 나름대로 탐색한 최선의 지도. 기꺼이 미더운 이웃이 된다. ‡넝쿨‡

뜻

[신조어, 명사] 가장 시원하고, 따뜻한 자리를 알아차리고 그곳에 머무는 고양이의 습성 혹은 고양이가 머무는 곳.

고요

여름 태양이 가장 높이 뜰 때 세상은 일시에 음소거가 된다. 내게 여름은 작열하는 고요. 팔월 한낮 거리를 기다시피 헤매다 보면 땅 위에 타오르는 아지랑이도 열풍에 너풀대는 초록 활엽수도 모두 0.8배속으로 상영된다. 무엇이 소리마저 걷어가는 것일까? 왕성하게 자라는 나무들과 무시무시하게 무성해진 덤불을 일컬어 나는 '자란다'라고 했다가 '견딘다'라고 고쳐 말한다. 견딘다는 건 꾹 참는다는 것. 꾹 참는다는 건 이를 앙다문다는 것. 이를 앙다문다는 것은 소리 내지 않는다는 것. 더위를 많이 타는 사람의 여름에는 이를 앙다물었다가 탈진하기를 거듭하는 감각이 있다. 뜨거울수록 숨죽이는 감각이 있다. 어서 입추가 물어다 줄 서늘한 바람만을 기다리면서.

햇빛이 자욱할수록 세상은 선명해진다. 선명한 세상을 보며 가시광선의 투명한 밀도를 느낀다. 여름이 아름다워질수록 한낮의 외출은 위험하다. 아무도 다니지 않는 땡볕에는 오직 고양이가 수풀 사이를 스치는 소리만이 들릴 뿐이고, 그런 볕 아래 서서 혼절할 것 같다는 생각이 들 무렵, 매미가 운다. 이제 여름이 갈 거라는 소리.

여름을 찬양하는 사람들을 물끄러미 바라보며 늘 여름의 고요 속에 숨어들었던 사람은 이제 매미 소리에 깃

들어 여름의 끝을 기다린다. 앙다물었던 이에 비로소 힘이 풀린다.‡함수린‡

뜻

[명사] 조용하고 잠잠한 상태.

굴타리먹다

1.

과일을 볼 때 벌레 먹은 자리가 보이면 고르지 않게 된다. 사람들의 손에 거르고 걸러져 남겨질 굴타리먹은 과일을 생각하면 그냥 지나치기도 어렵다. 그래서 되레 그런 것들만 골라올 때도 있다. 벌레가 먼저 먹어본 과일이라면 분명 더 맛있을 거라고 생각하면서. 그것을 본 누군가는 왜 이런 것을 골랐느냐며 타박할지도 모르지만, 굴타리먹은 과일 하나쯤은, 사 온 것들 중 가장 먼저 골라 씻어서 먹어보는 여름의 순서처럼 다가올 때도 있다. 매끈하고 흠집 하나 없는 과일이라면 더없이 좋겠지만, 어쩐지 굴타리먹어 흠집 하나쯤 있는 과일의 당도를 알고 싶어진다. 흠 없는 마음 없듯이, 그 마음을 다 알 리가 없다는 듯이. ‡넝쿨‡

2.

자기 부정으로 가득한 일기장을 펼친다. 오늘 날짜와 날씨를 빼먹지 않고 쓴다. 그것이 일기장에 적힌 유일한 희망이다. 있었던 일을 담백하고 재치 있게 쓰고 싶은데 마음이 자꾸 그러지를 못하고 못난 구석만 가져와 가슴에 비수로 날아들 문장만 쓰게 한다. 분명 학교에서 다 배운 내용이고 복습까지 했는데 문제를 다 틀리고 돌아온 날. 아무리 공부해도 성적이 오르지 않아 하루 종일 구령대 난간에 걸터앉아 지는 해와 운동장을 뛰어노는 친구들을 바라본 날. 무얼 하고 싶은지 도무지 모르겠어서 체육 수업을 땡땡이치고 도서관에서 혼자 만화책 읽다 책상에 코 박고 잠든 날. 일부러 친구들을 피해 외진 복도를 걷는 날. 날들을 지나 일기장을 펼친다. 아직까진 비관으로 가득하다. 어른이 되면 좋겠다. 어른이 되면 조금 괜찮아질까. 얼른 여름 방학이 왔으면 좋겠다. 당분간 학교에 가지 않을 수 있기 때문이다. 계속 쌓이는 절망으로도 희망을 지을 수 있을 때까지 일기장을 펼친다. 오늘의 기록으로 내일의 삶을 꿈꾼다. 낙서

뜻
[동사] 참외, 호박, 수박 따위가 땅에 닿아 썩은 부분을 벌레가 파먹다.

그늘

나는 종종 '따뜻한 사람', '밝고 긍정적'이라는 말을 듣는다. 도대체 나의 어떤 면을 보고 사람들이 그런 말을 하는지 잘 모를 때가 더 많다. 하지만 분명한 건, 누군가 나에게 '따뜻함'을 느꼈다고 한다면 나의 '그늘'을 느꼈거나, 그 또한 내가 가진 '그늘'을 갖고 있을 확률이 높다. '따뜻함'은 '차가움', '서늘함', '어두움'의 반의어가 아니니까.

한여름, 구름 한 점 없는 아스팔트 위를 길고양이가 걷고 있다. 그 고양이는 왜 거기까지 왔을까? 알 수 없다. 고양이는 그늘을 찾아 걷지만, 숲은 너무 멀다. 태양은 뜨겁고. 그늘은 보이지 않는다. 그때 아스팔트 도로 위를 지나가는 만물상 트럭 운전사. 등가죽이 타들어 갈 듯한 뙤약볕 아래 작은 고양이를 보게 된다. 트럭이 한 십 미터쯤 갔을까? 트럭 운전사는 사이드 미러에 비친 고양이가 점이 되어 사라지기 전에 차를 멈춘다. 트럭의 저만치 뒤에 있던 고양이도 걸음을 멈춘다. 뜨거운 태양 아래, 고양이와 트럭 운전사. 한참을 그렇게 마주 보며 서 있다. 문득 트럭 운전사가 주머니를 뒤진다. 바지 주머니에서 무언가를 꺼낸다. 포장이 꾸깃해진 츄르 하나. 먼 곳의 고양이가 살금살금 트럭 운전사에게 다가간다. 한참

고양이와 눈싸움을 하던 트럭 운전사는 츄르의 한쪽 끝을 뜯어, 고양이가 츄르를 잘 핥을 수 있도록 엄지와 검지를 마주해서 짜내준다. 검은 기름때가 낀 트럭 운전사의 거친 엄지손가락에, 아주 조금의 츄르가 묻었을 때. 고양이는 작고 까실한 혀로 그의 손을 핥는다. 작열하는 태양이 만든 뜨거움이 아니었으면 느끼지 못했을, 서로의 '그늘'이 만들어준 따뜻함.

그늘은 빛이 있어야 하고, 빛을 가리는 '무언가'가 그 앞에 있어야 존재한다. 여름은 피할 수 없는 빛으로 충만한 계절이라 과일은 점점 짙은 색으로 익어가고 나무와 풀들은 점점 빛 쪽으로 초록을 뻗어가고. 그렇게 그늘이 커질수록 여름 숲은 더욱 깊고 풍성해진다.

여름의 따뜻한 그늘 한 점. ‡토끼피터‡

뜻
[명사] 햇빛이 직접 닿지 않아 어둑한 곳.

그물코

그물을 이루는 구멍을 하나하나 들여다본 적은 없는 것 같다. 그만큼 한 세계의 세부에 관심을 두는 일은 어렵기 때문일 것이다. 여러 그물이 떠오른다. 이른 새벽부터 배에 오른 어부가 푸르스름한 바다에 넓게 펼치는 그물. 낮을 때가 되어 건져 올리면 그물 위에서 파닥거리는 물고기들. 아직 그 현장을 눈으로 직접 본 적은 없다.

놀이터에서 종종 위험한 순간에 몸을 지켜주었던 안전그물이 더 친숙하고 고마운 존재다. 촘촘히 얽힌 그물의 형태는 모눈종이처럼 일정한 패턴의 격자무늬를 이룬다. 구멍으로, 여백으로, 텅 빈 공간으로. 그물코의 아이러니는 빈 형상으로부터 발생한다. 공간을 채우려는 의지는 오히려 관계의 여백을 형성한다.

우리가 어떤 그물로 얽혀 있다는 사실이 함께 나누는 마음으로 커질 수 있는 이유는 송송 뚫린 '마음코'들이 비어 있는 존재로 자리하기 때문이다. 없어서 완성되는 사랑도 있는 것이다. 아니, 사랑은 없어야 비로소 사랑이 된다. 여름에는 모든 것이 생동한 감각으로 존재해서 슬프다. 진짜 다 사라질 것 같아서. 기어이 다 사라져버리면 어떡하지. 먼 훗날, 존재의 구멍으로서 다른 구멍들과 얽혀 지낼 수 있을까. 그물을 기억해주는 세계마저 사라지면 여백은 상상으로만 재현 가능한 공간이 될 것이다. 그럼에도 우리는 다정한 눈빛을 멈추지 말자. 여름을 바라보는 우리의 둥근 눈동자 하나하나가 텅 빌 때까지.
‡낙서‡

뜻
[명사] 그물에 뚫려 있는 구멍.

기찻길

어릴 적 집 근처 기차역 주변으로 넓은 잔디가 있었다. 토끼풀과 잡초들이 빽빽하게 널린. 우리 가족은 여름만 되면 그곳을 찾았다. 나와 동생들은 롤러스케이트나 자전거를 타고, 엄마와 아빠는 그런 우리를 지켜보거나 뒤에서 넘어지지 않게 부축해주었다. 내리막길을 쌩쌩 달리는 속도에 맞춰 기차가 지나갔고 선선한 바람은 앞쪽에서 힘차게 불어왔다. 다 놀고 나면 잔디밭에 돗자리를 펴고 앉아 엄마가 싸 온 도시락을 먹었다. 주로 삼겹살과 계란말이였다. 오순도순 먹고 있노라면 지나가는 할아버지, 할머니가 좋겠수, 하며 흐뭇하게 바라보곤 했다. 지금은 폐역이 되어버린 그 역. 가끔 그곳을 지나갈 때마다 부러 천천히 걷는다. 어떤 장소는 생일처럼 느껴져서 꼭 해마다 한 번은 찾게 된다. ‡능소화‡

뜻

[명사] 기차가 다니는 길.

긴긴해

6월에는 여름 절기인 '하지夏至'가 있다. 일 년 중 낮이 가장 길고 밤이 가장 짧은 날이다. 성실한 해의 머무름은 여름 준비물이다. 오래도록 세상을 밝게 비추려는 의지가 여름을 더욱 역동적인 생명력을 갖춘 계절로 만든다. 어떤 글에서 밤이 길면 몸을 숨기기 좋다는 식의 문장을 읽은 적이 있다. 과연 그럴까 싶다. 몸을 부러 숨기는 행위 자체가 밤 속에서 더 튀어 보일 수 있다는 시선도 꽤 유효할 테니 말이다. 오히려 몸을 숨기기에 가장 적합한 시간은 해가 가장 긴 여름일지도. 모두가 공평하게 밝은 모습으로 돌아다닌다면 나를 어둡게 감추지 않고 빛이 가득해지는 방식으로 나를 감추어볼 수도 있지 않을까. 낮과 밤에 관한 또 다른 절기로 '춘분春分'과 '추분秋分'이 있다. 둘 다 낮과 밤의 길이가 같아진다는 뜻이다. 다른 점이 있다면 계절의 순서일 것이다. 춘분은 봄에서 여름으로, 추분은 가을에서 겨울로 간다는 말이기도 하니까. 그러니까 여름으로 가려면 해를 더 길게 끌고 와야 한다는 것. 겨울로 가려면 해를 빠르게 숨겨야 한다는 것. 이러한 해의 법칙으로 이 세계를 살아간다는 것. 문득 여름의 해변에서 수평선 위로 걸터앉은 노을. 그 앞에 서로를 꼭 껴안고 있는 연인이 두 팔을 허리에 감싸고 있다. 그

허리 한가운데로 가늘어진 해의 눈빛이 관통한다. 여름은 어떻게든 해를 더 붙잡느라 수평선을 아래로 더 아래로 내린다. 연인은 서로의 체온을 한순간이라도 더 오래 기억하기 위해 간격을 지우려고 노력한다. 하지만 어쩔 수 없이 벌어지는 포옹의 틈 사이로 긴긴해가 지나간다. 체온이 빠져나간다. ※낙서※

뜻

[명사] 떴다 지는 동안이 썩 긴 해. 낮이 밤보다 긴 여름날의 해를 이른다.

껍질

여름 껍질을 하나씩 벗긴다. 여름이 가진 길고 가느다란 겉껍질부터 절대 끊이지 않는 속껍질까지. 씻고 문지르며 여름을 깎는 동안, 나는 좀 더 활발하고 명랑해진다. 부드럽고 달콤한 즙이 주르륵 흐르는 일도, 후숙이 덜 되어 단단하고 아쉬운 마음을 갖는 일 모두 이 계절에 잔뜩 묻어 있다. 여름이 남긴 껍질을 한데 모아 버리며 자주 걷고 보고 생각을 한다. 폭염 안에서만 숙성될 소리와 시간들, 풍경을 좀 더 여름답게, 여름스럽게 지키기 위해 또 다른 껍질을 자주 만든다. 폭염 안에서만 숙성될 소리와 시간들, 풍경을 보존하기 위해 또 다른 껍질을 자주 만든다. ‡능소화‡

뜻
[명사] 물체의 겉을 싸고 있는 단단하지 않은 물질.

꽃다짐

봉숭아꽃과 잎을 다져서 손톱을 붉게 물들이는 것은 계절의 통과의례처럼 당연시되던 놀이였다. 가가호호 저마다 손톱을 더 붉게 물들일 수 있는 꽃다짐 레시피가 조금씩 달랐을 뿐. 매해 어느 집 봉숭아가 유독 붉게 손톱을 물들이더라, 하는 소문이 돌면 그 집 봉숭아꽃과 잎이 제일 먼저 동나곤 했다. 곱게 빻아 검붉게 한 덩어리가 된 꽃다짐을 조금 떼어내 손톱 위에 봉긋하게 올리고 비닐로 덮어 실로 잘 묶은 다음 하룻밤을 무사히 보내면 됐다. 아침이면 열 개 손가락 중 몇 개는 잠결에 벗어버리고 몇 개는 손톱 반대쪽으로 돌아가 손가락 끝만 쪼글쪼글 물들인 탓에 울상이 되기도 했다.

첫눈이 올 때까지 사랑하는 마음을 지키겠다는 다짐과 같은 것이겠지. 여름에 피운 마음이 겨울에 잘 당도하기를, 계절과 계절이 맺은 약속 같은 것. 또각또각 시간을 잘라내며 마음을 순하게 지키는 연습을 한다. 붉은 손톱은 기다리는 중이라는 증표일 테다. 소복이 내린 흰 눈 위에 올려둘. ‡유실‡

뜻

[명사] 손톱에 물을 들이기 위해 봉숭아꽃과 잎을 따서 곱게 다져놓는 것.

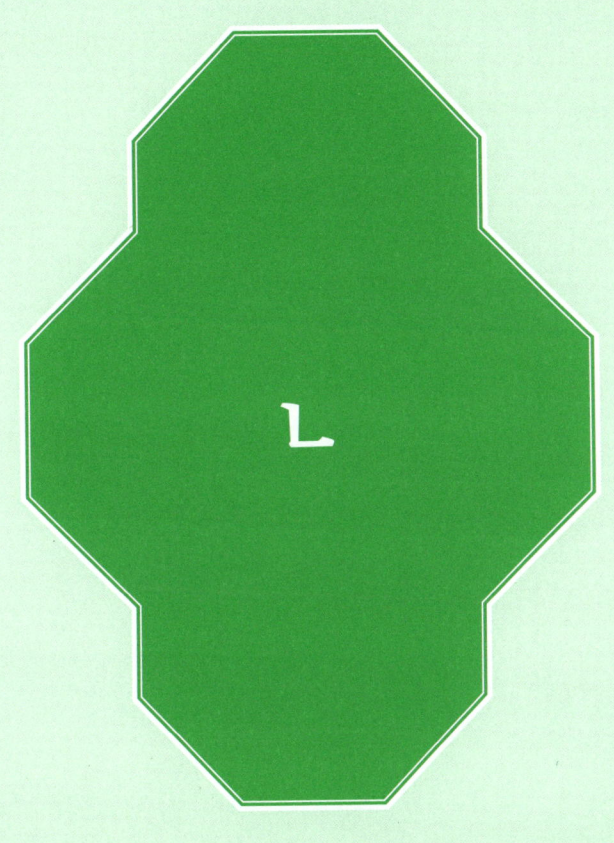

나무말미 ◇ 낙원 ◇ 낙하 ◇ 납량 ◇ 냉방병 ◇ 너무
녹진하다 ◇ 능소화

나무말미

마음이 축축하여 너무 무겁다고 느껴질 때, 내가 바라는 것이 무엇인가 하고 모르기만 할 적에 이 단어를 어디선가 보고 메모해두었다. 설명할 수 없었던 마음을 단숨에 호명하는 우리말이 있다는 것이, 마치 내 마음을 대변해주는 것처럼 느껴져서였다. 내가 바라는 시간은 나무말미의 시간. 어딘가에 붙여놓은 귀여운 스티커가, 카페 간판에 그려진 앙증맞은 도토리 그림이, 눈앞에서 노란 장화를 신고 아장아장 웅덩이를 가로지르는 어린이가 잠깐이나마 내게 마음 말릴 겨를을 주기도 한다. 그것은 아주 잠깐이라서, 그 시간을 오래 누릴 수 없어서 나무말미의 시간은 더 강렬하게 나의 장면 속으로 침투한다. 또 비가 내리기 전에, 어서 이 햇빛을 화사하게 즐기고 싶다고 생각한다. 이 짧은 시간을 만나기 위해서 우리는 먼 길을 돌아온 것만 같다. ‡닝쿨‡

뜻
[명사] 장마철에 잠깐 해가 나서 땔나무를 말릴 수 있는 시간.

낙원

* 오래된 책에서 낙원이라는 단어를 처음 보았을 때, 나는 그것이 꽃 이름 같다고 생각했다. 낙원樂園 즐거울 낙, 동산 원. 글자에서 느껴지는 기쁨과 환희는 노랗고 흰 꽃들을 연상시켰고 그것이 내겐 여름의 이미지다.
* 창조자의 기준으로 조금의 흠결도 없는 인간에게 허락되는 장소가 천국이라면, 낙원은 인간 스스로 이룩한 평온하고 안락한 정신과 같은 것이 아닐까. 가령 한여름 길을 걷다가 멈춰서 꽃집의 내부를 바라보며 느끼는 '슬픔이 없는 십오 초'라든지, 혼자 나선 산책길에 '주워온 조약돌 하나를 꺼내 마주'하며 만나는 세계라든지, '고요한 혁명'을 응시하는 밤의 시간이라든지.
* 어쩌면 여름 동안 지상의 천국은 성능 좋은 에어컨디셔너가 가동하는 장소에 있고 낙원은 시를 읽는 시간에 있을지도. 하여 사람들이 여름에 시집을 많이 읽었으면 좋겠다. 물론 봄에도 가을에도 겨울에도. ✢유실✢

뜻

1 [명사] 아무런 괴로움이나 고통이 없이 안락하게 살 수 있는 즐거운 곳.
2 [명사] 고난과 슬픔 따위를 느낄 수 없는 곳이라는 뜻에서, 죽은 뒤의 세계를 비유적으로 이르는 말.

낙하

* 빠져들다, 여름.
* 비는 오고 빗방울은 떨어진다. 처마 밑에 앉아 관찰하다 보면 더욱 분명히 알 수 있다. 오는 것과 떨어지는 것이 각자 지닌 경쾌함의 차이. 여름은 빗방울의 천진함으로 시작돼 비의 진중함으로 깊어진다.
* 나뭇잎의 짙어지는 초록도 열매의 무게도 궁극적으로 낙하를 향해 가고 있다. ‡유실‡

뜻

[명사] 높은 데서 낮은 데로 떨어짐.

납량

* 친구들끼리 여름밤에 삼삼오오 모여 영화를 본다. 어디선가 발 냄새가 나서 용의자를 추적할 수 있을 만큼 서로 가까이에 앉는다.
* 그중 꼭 한 명은 보려는 영화를 이미 본 사람이어야 하며, 시도 때도 없이 스포일러를 방출해 원성을 산다.
* 무서운 게 언제 나오는지 알려달라는 친구는 영화를 다 보고 난 후 "생각보다 별로 안 무섭네"라는 허세를 부리게 된다.
* 가리면서도 볼 건 다 보는 친구들의 허수 같은 손가락들.
* 여름밤의 창문과 방충망 사이로 스며드는 선선한 바람.
* 부모님이 늦게 오거나 다음 날 와야 하는, 그렇게 비로소 안정적인 공간이 되는 나의 집 혹은 친구네 집.
* 냉장고에 사다 둔 아이스크림을 가지러 갈 사람에게 용기를 북돋아주어야 할 것이다.
* 걸어놓은 누군가의 외투가 긴 머리를 늘어뜨린 귀신 같아 보인다면, 이 시간에 잘 몰입하고 있다는 뜻이다.

* 영화를 보다가 잠들어 산통을 깨는 친구가 있으면 옆구리를 세게 꼬집어주고 싶다. ‡넝쿨‡

뜻
[명사] 여름철에 더위를 피하여 서늘한 기운을 느낌.

냉방병

그해 나는 심한 냉방병에 걸렸다. 맨 앞자리만 고집하던 내가, 일생일대로 가장 뒷좌석에 앉았던 해였다. 그의 뒤통수를 보려 했기 때문이다. 그가 연필을 쥔 모습, 가끔 고개를 왼쪽으로 기울이는 모습, 한쪽 다리를 떠는 모습, 주머니에 손을 찌르고 수업을 듣는 모습. 내 뒤편으론 벽걸이 에어컨이 있었다. 바람 세기 조절이 안 돼 찬 바람을 정통으로 맞아 가며 수업을 들어야 했고, 시간이 갈수록 점점 손발, 심장 전부가 떨리기 시작했다. 떨림의 원인이 찬 바람 때문인지, 그의 미세한 움직임 때문인지 알 수 없었다. 오히려 계속 차가워지기를 기다렸던 것 같다. 수업이 끝나고 집으로 돌아가는 시간까지도 몸 구석구석에 찬 기운이 남았다. 풀벌레 우는 소리 속에서 그를 생각했다. 식은땀을 흘리던 그 시간이 좋았다. ‡능소화‡

뜻

[명사] 냉방으로 인하여 일어나는 병. 냉방이 된 실내와 실외의 온도 차가 심하여 인체가 잘 적응하지 못해서 발생하는 것으로, 가벼운 감기·몸살·권태 따위의 증상을 보인다.

너무

더워. 시원해. 예뻐. 멀어. 이런 단어들보다 한 발짝 앞에 서 있는 부사 '너무'. 누군가에게 이 무렵은 무지무지 싫은 계절. 또 다른 누군가에게는 활기가 감도는 분주한 계절. 어쨌든 둘 모두에게 여름은 너무한 것. 극의 나날인 것. 매년 갱신되는 무더위처럼 우리는 앞으로도 계속해서 해도 해도 너무한 세상과 일에 시달릴 것이다. 그래도 너는 희망을 품은 사람처럼 말하겠지. 너무 반갑다. 너무 행복해. 너무너무 맛있다. 절망과 기쁨을 모두 껴안고 살아가겠지. '너무'라는 말이 가진 뜻 그대로 짐작했던 걸 훨씬 넘어선 어떤 상태가 되어. 그게 각자의 삶을 만드는 색깔이라도 되는 것처럼. ‡김동균‡

뜻

[부사] 일정한 정도나 한계를 훨씬 넘어선 상태로.

눅진하다

덜 마른 티셔츠를 입거나, 덜 마른 수건으로 얼굴을 닦아야 할 때의 눅진함은 만나고 싶지 않은 여름의 장면이다. 아이스크림이 녹아 눅진한 막대를 손에 쥐고 있을 때의 기분처럼 조금은 찝찝해 얼른 벗어나고 싶은 마음이 절로 든다. 그러나 이 형용사를 사람에게 덧붙이면 이야기는 달라진다. 어딘가 모나지 않고, 자신만의 아집으로 주어진 시간을 뚜벅뚜벅 걸어 나가는 사람. 지구력을 가진 사람에게 눅진한 사람이라고 표현해본다. 눅진한 사람이 걸어온 여름에는 덜 마른 티셔츠나 덜 마른 수건도 금세 마를 것만 같다. ‡넝쿨‡

뜻

1. [형용사] 물기가 약간 있어 눅눅하면서 끈끈하다.
2. [형용사] 성질이 부드러우면서 끈기가 있다.

능소화

여름에 피는 능소화凌霄花는 한자로 '업신여길 능', '하늘 소', '꽃 화' 자를 쓴다. 풀이를 하자면 '하늘을 업신여기는 꽃'이라는 뜻인데 이 뜻을 알게 된 이후로 능소화가 더 좋아졌다. 능소화가 담벼락을 지키고 서 있는 자태를 보면, 여름의 당당한 기세를 느낄 수 있다. 능소화를 풍성하게 만날 수 있는 출·퇴근길엔 나만의 비밀 코스가 생길 정도로, 능소화는 여름 변두리에 수놓아져 있다. 하늘은 너무 거대하고 꽃은 유약하다. 한 시절, 한 철에 끝나 버리는 꽃의 짧은 생명력 속에서도 하늘에 굴하지 않고

기세를 드러낼 수 있다는 이름의 사실이 내게는 이상한 용기로 다가왔다. 어느 날에는 하늘을 향해 나팔을 부는 것처럼 보이기도 하고, 어느 날엔 넝쿨로 피어나 옹기종기 다정한 모습이기도 하면서, 능소화의 생기를 따라 여름이 왔네, 여름이 가고 있네, 여름이 끝나가네 하며 여름의 시간을 헤아릴 수도 있다. 여름 한정 시계! 능소화가 피우는 여름의 용기를 배우고 싶을 때마다, 나는 능소화 앞에서 필름 카메라를 든다. 이 용기를 오랫동안 간직하고 싶기 때문이다. ‡넝쿨‡

[명사] 쌍떡잎식물 통화식물목 능소화과의 낙엽성 덩굴식물.

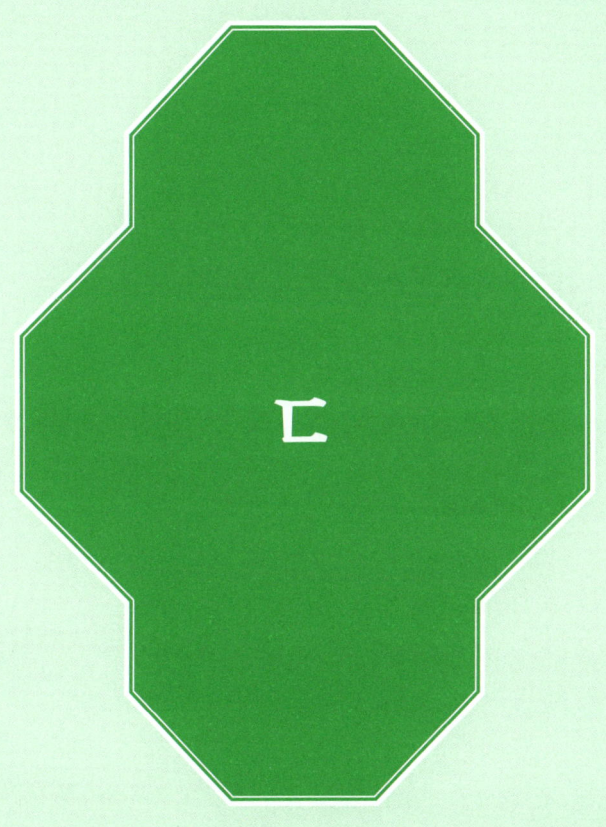

다이빙◇돌림곡◇들끓다◇들살이

다이빙

다이빙은 내가 세상을 잠깐 벗어나는 듯한 기분을 가장 극적으로 알려주는 행동이다. 높은 곳에 올라가 수심 깊은 곳으로 낙하할 때, 수면과 얼굴이 처음 맞닿고 물속에 들어와 들리는 것, 보이는 것의 차원이 흐릿하게 달라질 때, 그 잠깐의 뒤바뀜을 오랫동안 흠모했다. 여름에는 다이빙의 궤적을 조금 더 크고 자유롭게 그릴 수도 있으니까, 언젠가부터 여름을 생각하면 다이빙하는 누군가의 모습을 먼저 떠올리게 되었다. 물속에 작살로 내리꽂듯 비범하고 예사로운 다이빙을 꿈꾸지만, 언제나 배부터 떨어져 이윽고 따가움을 숨길 수 없을지라도. 온 세상 정형외과 의사들이 뜯어말리려고 하는, 위험한 행동이라고도 한다. 작은 몸의 유년에는 목욕탕 냉·온탕이나 집 욕조에서도 다이빙이라 할 수 있는 행동들이 모두 가능했었는데. 어디선가 떨어지지만, 물이 나를 기꺼이 받아낼 것이라는 그 안도감으로 용기 낼 수 있었던 그 모든 발끝의 순간으로 여름을 지나왔다. ‡넝쿨‡

🌿
[명사] 수영에서, 높은 곳에서 뛰어 머리를 먼저 물속에 잠기게 하여 들어가는 일을 겨루는 경기.

돌림곡

마지막은 늘 캠프파이어 시간. 장작에 불을 피우면 우리는 일순간 떠들썩한 분위기를 지우고 얌전해진다. 저기 멀리 기타 한 대를 어깨에 메고 오는 친구. 우와, 쟤 기타 치려나봐. 서서히 높게 피어오르는 불 주변에 둘러앉아 포일에 감싼 감자를 올려놓는다. 가방에서 기타를 꺼내는 친구가 순간 아래로 고개를 내릴 때 드러나는 목선과 찰랑이는 머리카락. 여름의 풍미를 느끼기 위해 이번에 새로 산 하와이안 셔츠. 조금 더 넓은 옷깃. 가느다란 손으로 멋지게 G 코드를 잡고 스트로크를 한다. 배운 지는 얼마 안 되었는지 얇은 줄로 갈수록 소리가 엉성하다.

친구가 노래를 선창한다. "조개껍질 묶어~" 그다음부터 막히는 경우가 많다. 자자, 다시. "조개껍질 묶어 그녀의 목에 걸고 불가에 마주 앉아 밤새 속삭이네" 나머지 친구들이 따라 부른다. "시원한 파도 소리 여름밤은 깊어만 가고"까지 도착하기도 전에 다들 랄랄라 랄랄라 부르며 기타 소리에 몸을 맡긴다. 불은 어느새 활활 타오르고 있다. 저 멀리 바닷소리가 친구들과 함께하는 여름밤의 합창에 은은하게 화음을 얹는다. 꼭 한 박자 늦게 타는 친구가 한두 명 있어서 포개어진 목소리가 에코처럼 울려 퍼진다. 엉성하고 느슨한 간격으로 여름을 어찌

저찌 이어 나가는 친구들. 그리고 꼭 이런 날 어느 친구 한 명이 분위기를 잘못 파악해서 공개 고백을 했다가 서둘러 둘만 남기고 펜션으로 돌아가 누구는 라면을 끓이고 누구는 맥주를 더 가져왔지. ‡낙서‡

뜻
[명사] 같은 노래를 일정한 마디의 사이를 두고, 일부가 먼저 부르고 나머지가 뒤따라 부르는 합창.

들끓다

　　매미가 울기 시작하면, 울창해진 가로수 길을 걷다 보면, 햇볕이 맹렬하게 내 뒷목을 달구면, 날이 어두워져도 놀이터에서 어린이들이 서로를 부르는 소리 듣다 보면, 불쑥 장대비가 쏟아지면, 먹다 흘린 아이스크림에 몰려드는 개미 떼 보다 보면,

　　나를 둘러싼 모든 것의 생기를 만끽하다 보면,

　　무성해진 모든 것 사이에 숨어 있는 서늘한 열기를 알게 된다. 내가 감각하고 있는 게 들끓음이라는 사실을 이해하게 된다. 모른 척할 수 없게 된다. ‡박규현‡

뜻
1 [동사] 한곳에 여럿이 많이 모여 수선스럽게 움직이다.
2 [동사] 기쁨, 감격, 증오 따위의 심리 현상이 고조되다.

들살이

지금부터 만나는 모든 들이 집이고 삶이야. 밖에 있는 동안에는 아무도 신경 쓰지 말고 계획하지 말고 연락하지 말고 오로지 발길 닿는 곳에만 집중해. 준비한 식재료와 가재도구만을 이용해 나만의 공간을 꾸리는 거야. 거처를 허물어도 괜찮아. 다시 지을 수가 있어. 때때로 숲이 들려주는 화음을 들어봐. 대지에 닿는 숨결을 느껴봐. 비바람이 불면 어쩌지. 휘몰아치는 침묵에 마음이 타버리면 어쩌지. 그럼 떠나자. 좀 더 넓은 품으로 가자. 풍랑이 잦아드는 곳으로 가자. 기록이 무한해지는 연습장을 펼치자. ‡낙서‡

뜻
[명사] 휴양이나 훈련을 목적으로 야외에 천막을 쳐놓고 하는 생활.

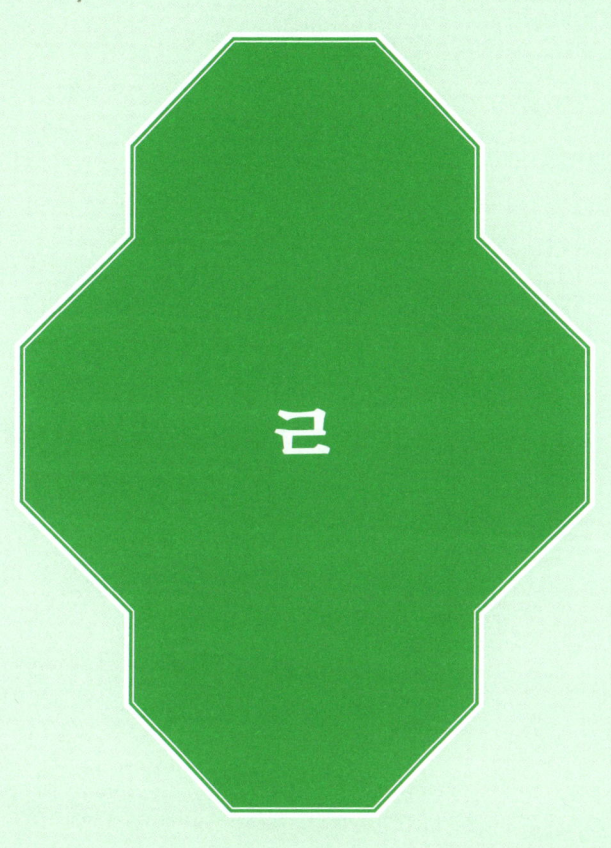

라디오 ◇ 레몬 ◇ 레몬케이크
레지오넬라 ◇ 리듬

라디오

여름밤의 정취를 극대화하는 목소리들. 잠 못 드는 밤 창가에 빗소리와 함께 두고 있다면 더욱 좋다. 이 작은 울림통은 가느다란 팔을 천장 쪽으로 쭉 뻗어 밤하늘을 외롭게 맴돌고 있는 사연들을 찾아 두 손으로 잡아준다. 사연 없는 사람 없다고. 우리 모두 이 세상에서 다들 비슷한 행복과 외로움을 갖고 살아간다고. 사람에게 지칠 때가 한두 번이 아니지만 결국 사람 때문에 다시 한번 살아보게 된다고. 편지는 반드시 수신자에게 닿을 것이라고. 비록 그 편지가 향할 사람이 세상을 떠났을지라도. 주파수를 맞추는 동안 소리를 찢는 노이즈쯤은 참아야 한다. 선명한 이야기를 듣기 위해서라면 세상의 작은 균열부터 들어야 한다는 듯이. 조금씩 노래와 목소리가 들려온다. 정처를 헤매던 여름밤의 사연들은 이곳에서 편히 쉬다 갈 수 있다. ‡낙서‡

뜻

[1] [명사] 방송국에서, 일정한 시간 안에 음악·드라마·뉴스·강연 따위의 음성을 전파로 방송하여 수신 장치를 갖추고 있는 청취자들에게 듣게 하는 일. 또는 그런 방송 내용.

[2] [명사] 방송국에서 보낸 전파를 수신하여 음성으로 바꿔 주는 기계 장치.

레몬

왜 나의 여름은 영화 속 여름을 닮지 않은 걸까. 나의 여름은 열대야에 폭죽이 터지지 않고, 해변을 질주하지 않으며, 친구들과 낭만에 속아 넘어가지 않는다. 너는 여름이 등장하는 영화 몇 편을 내게 보여주며 말했다. "이것이 나의 여름이야. 이제 날 이해할 수 있어?" 그때 내가 뭐라고 대답했는지 기억나지 않았다. 지금이라면 너에게 허수경의 시 「레몬」을 읽어주었을 텐데. 나는 이 시를 읽고 여름이 조금 좋아졌는데…… 너는 이 사실을 영영 모르겠지. 그래서 나는 이곳에 짧은 편지를 적었다. "이것이 나의 여름이야. 이제 날 이해할 수 있어?" ‡양안다‡

뜻
[명사] 5~10월에 흰 꽃이 피고 열매는 타원형으로 노랗게 익는데 향기가 진하다.

레몬케이크

문득 무언가를 결심할 일이 생겼다.

비 내리는 날 레몬케이크를 구울 것. 레몬케이크는 좋아하지 않는다. 상큼한 디저트를 선호하지 않는 편이라. 그래서 레몬케이크는 오롯이 나 아닌 타인을 위한 디저트. 타인을 위해 굽는 디저트. 타인만을 생각하고 그가 레몬케이크 받고 지을 표정과 제스처 등 비언어적인 것들까지 몽땅 생각하며 굽는 케이크. 그런 마음으로 디저트를 구울 생각하니 비 내리는 날이 좋겠다, 싶었다.

비가 내리면 과자 반죽 향이 더 짙어질 것이고 키친이 금세 버터 향으로 가득할 것이고 휘퍼로 크림색 반죽을 휘휘 젓다 보면 빗방울 떨어지는 소리에 집중하게 되고 비 냄새가 반죽에 스며들고. 왠지 비 내리는 날엔 레몬케이크를 구워야 할 것만 같다. 레몬케이크가 오븐 안에서 구워지는 동안에는 그것의 담음새를 생각해본다. 창밖의 비를 바라보기도 하면서 오븐 안에서 부푸는 반죽을 보기도 한다. 반죽이 부풀며 들썩들썩이는게 꼭 빗방울 떨어진 자국 같다.

참. 슈거글레이즈를 먼저 만들어야지. 레몬즙 몇 방울에 슈거파우더 몇 그램. 되기를 잘 맞춰야 한다. 너무 묽으면 물처럼 질질 흘러 내리고 너무 되면 흐르질 못하고 한곳에만 고여 있다. 맑은 날엔 슈거글레이즈 아이싱이 항상 된 느낌이다. 그래서 수채화 같은 약간 촉촉한 날에 슈거아이싱을 만드는 걸지도. 얼어버린 폭포, 금세 쌓인 눈이 약간씩 흐르듯 살금살금 리듬을 타고 자연스럽게 흘러 내린다. 갓 구운 레몬케이크 위에 하얀 예쁜 이불이 생겼다. 피스타치오 분태를 살짝 올려본다. 만든 날은 버터 향이 진하면서 바삭하고 하루 숙성한 후 먹으면 더욱 부드럽고 촉촉해지는, 레몬케이크. ‡능소화‡

뜻
[명사] 레몬과 레몬즙을 넣어 구운 케이크.

레지오넬라

저기 어디쯤 버드나무가 있고 내 몸 어딘가 레지오넬라균이 있다. 딱 일주일 된 기침과 권태감이 균을 증명하는데 나는 침대에 누워 반격한다. 에어컨 청소를 미룬 건 여름 탓이야. 세상에는 너무 많은 에어컨이 있고 청소 기사는 그 많은 에어컨을 다 소독할 수 없어. 불현듯 더위가 기승이고 레지오넬라균은 거의 모든 곳에 존재한다.

고여 있던 물의 온도가 올라가던 지난봄부터인가. 언제 번식했을까. 물의 입장에서 균의 번식은 오염이 아닐지도 모른다. 물의 복제에 레지오넬라균이 있다. 힘없이 누워만 있다가 몽롱하게 할 일을 다 잊어버려도 될 것 같은 게 여름 감기는 병원에 더 안 가게 된다. 나는 몸 안쪽에서 간극을 무시하고 침투하는 그것을 내버려두고 있다. 냉동실에는 잔뜩 쟁여둔 스크류바가 있다.‡^^;‡

뜻

[명사] 흙에 존재하는 세균의 하나. 특히 여름철 냉각탑과 같은 인공 시설물에서 발생하는 작은 물방울 속에 들어가서 공기 가운데 떠돌다가 사람과 동물에 감염하여 냉방병을 일으킨다.

리듬

여름은 다음과 같은 리듬으로 구성된다.

* 조팝나무와 이팝나무가 서로의 겨울을 탐하고 있다.
* 가끔 멀리서 철쭉과 장미를 구분하지 못한 날엔 동네 몇 바퀴를 더 돌았다. 장미 철쭉일 수도 있겠지만, 그날은 산책하려고 나온 게 아니었다.
* 버찌도 다 떨어졌으니 이제 더러운 바닥과 웅덩이뿐이다.
* 잎사귀보다 이파리가 초록의 세상 같다. 이파리라는 말엔 "살아 있는"이라는 뜻이 담겨 있기 때문이다. 살아 있는 순간은 온통 여름을 짓는 박자가 된다. 아직 멜로디도 가사도 없지만.
* 이 장마를 다 지나가야만 한다. 그러면 불볕이 내리쬐는 여름과 만날 수 있다.
* 반가워서 악수하려고 했는데 곧이어 태풍이 몰려온다. 올해 태풍은 무슨 이름을 얻을지 궁금하다.
* 물장구는 물의 어깨를 토닥이는 연습. 발등으로 치니까 기분은 좀 나쁘겠다.
* 담장에 핀 능소화가 진짜 하늘을 업신여기는 중. 좀 거만해 보이지만 여름을 능히 이긴다는 사실은 우리 삶에서 꼭 필요한 힘이다.

* 발자국이 여전히 잘 있나 확인하기 위해 애써 멀리 갔다 온 해변.
* 미세기가 일으키는 물거품이 서로 친하지 않아 보인다.
* 마치 비 오는 날 우리가 각자 쓴 우산이 영영 가까워지지 못하는 것처럼.
* 든바다가 우리의 삶을 다 지켜보고 있어요! ‡낙서‡

뜻

[명사] 음의 장단이나 강약 따위가 반복될 때의 그 규칙적인 음의 흐름.

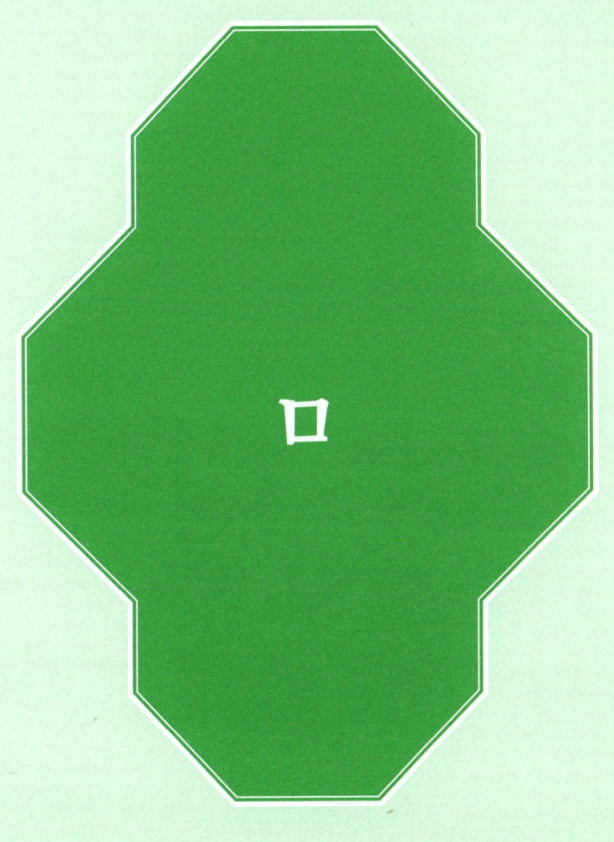

마실◇매미◇매실◇맨발◇메로나◇메밀◇모기
모깃불◇모시◇모자◇문신◇물◇물꽃
물비린내◇뭉게구름◇미수

마실

대문을 열어놓고 살며 이웃 간 자유롭게 왕래하는 전통적인 시골 마을에서 유년을 보냈다. 누가 예고도 없이 자기 집에 방문하는 것이 마땅치 않은 사람들은 집에 사나운 개를 키우는 것으로 그 마음을 표현하는, 충청도에 있으나 강을 사이에 두고 전라도와 맞닿아 있어 사투리가 섞여 있는 곳이었다. 누구네 집 손녀라는 호칭이 늘 따라다녔으므로 길에서 만나는 모든 어른께 큰소리로 인사하는 예의범절을 일찍부터 익혔다. 인사 하나만 잘해도 돌아오는 칭찬은 끊이질 않았다. 골목을 나서면 이웃의 대문 안쪽에서 나를 반기는 목소리들이 있었다. 어디 가느냐고 들어와 이것 좀 먹고 가라고, 어쩜 나날이 예뻐지느냐고, 공부는 잘하느냐는 관심 어린 질문과 환대가 있었다. 이런 마을이었기에 어린 내게 마실은 언제나 즐거운 일이었다.

할아버지와 나설 때와 할머니와 나설 때 마실의 경로는 조금 달랐다. 할아버지는 주로 마을의 외곽을 돌며 논을 살피고 외따로이 있는 집에 들르곤 하셨다. 할아버지와 논두렁을 걷는 일은 왜인지 설렜다. 뱀을 만나는 운 나쁜 날도 있었지만, 탁 트인 논 한가운데 허수아비처럼 서서 사방을 둘러보면 마음이 개운해졌다. 할머니의 마실 경로는 주로 가까운 이웃집과 같은 마을에 사는 친척의 집이었다. 할머니와 함께 갈 때는 어디서든 먹을 것을 잔뜩 대접받았다. 그도 그럴 것이, 할머니는 언제나 빈손으로 가는 법이 없었다. 집에서 만든 콩 국물을 냄비에 담아 들고 조심조심 앞장서 걷던 날도 떠오른다. 어느 집 개가 인기척에 왈왈 짖으면 나는 무서워서 움찔거리며 멈춰 섰다. 그때마다 뒤따라오던 할머니의 음성이 "괜찮

여, 괜찮여" 하며 나를 다독여줬다. 한밤 마실에 할머니는 늦도록 이야기꽃을 피우셨고 나는 곁에서 꾸벅꾸벅 졸다가 할머니 무릎을 베고 잠에 빠져들던 그 시간이 참 달기도 했다. ※유실※

뜻
[명사] 이웃에 놀러 다니는 일.

매미

폭양 속 가로수가 휘청거릴 만큼 울어대는 매미 소리는 최근 들어 더욱 치열해지고 있다. 어떤 매미는 7년이나 땅속에서 견디다가 겨우 보름에서 1달 정도를 살고 떠나는 놈도 있다니까 마지막까지 생명을 다해 울어대는 것을 이해 못할 바도 아니다.

원자탄이 떨어진 히로시마 폐허에서 제일 먼저 "나 살아 있다!"며 목청껏 울음을 터뜨려 위대한 생명의 징후를 보인 것도 매미라 한다. 그래서 한 시인은 그것을 시로 써서 노벨상을 받았고 그의 사후에 만든 상 이름이 매미 즉 '시카다Cikada상'이라고 한다. 참! 뜨거운 여름! 굉장한 매미 스토리다! ‡문정희‡

뜻
[명사] 매밋과의 곤충을 통틀어 이르는 말.

매실

매실청을 담그는 일로 여름을 시작한다. 여름에 유독 배탈이 많이 나 집에 제때 두지 않으면 상비약이 없다고 불안을 느끼게 된다. 어렸을 적부터 어디 아프다고만 하면 어머니 아버지가 곧장 부엌으로 달려가 매실차를 타서 방에 가져다주곤 한다. 설탕과 섞여 오랜 시간을 견디면 모든 병을 치유해줄 것만 같은 열매. 매실을 모를 때도 그랬다. 배가 아프니? 이걸 마셔라. 이게 뭔데요. 몸에 좋은 거니까 그냥 잔말 말고 마셔라. 이마에 열이 나니? 이걸 마셔라. 배 아플 때만 마시는 거 아니었어요? 그냥 잔말 말고 마셔라. 다리를 좀 삔 것 같아요. 이걸 마셔라. 이건 좀 아닌 것 같은데요…….

열매는 낙과하면 부패하기 시작한다. 시간에 짓눌려 녹아 흐르게 될 것이다. 배가 아프지 않아도 늘 곁에 있으면 하는 열매. 이걸 먹고 아무도 아프지 않은 여름을 보낼 수만 있다면. 심장은 여름 내내 바닥에 툭, 떨어질 일 없어서 썩지 않고 사랑을 있는 그대로 보존한다. ‡낙시‡

> 뜻

[명사] 매실나무의 열매. 맛은 달면서도 새콤하다.

맨발

누군가 내 발바닥을 보게 될지도 모른다고 생각하면 나는 안절부절못한다. 내 오른 발바닥 중앙에는 수박씨만한 크기에 색깔도 꼭 수박씨 같은, 진갈색 점이 있다. 모양이 우스꽝스럽거나 대단한 크기의 점도 아닌데 이걸 들키지 않기 위해 무수한 전략으로 정규 교육과정의 수학여행들을 치렀다. 아빠는 산부인과에서 갓난아기가 바뀔지도 모른다는 근심 때문에 매직으로 쿡 찍어 표시해둔 게 절대 지워지지 않는다고 볼멘소리하며 어린 내 발바닥을 문지르곤 했었다. 작은 발이 기특해서 은근히 미소 짓고 있었겠지만 나는 조용히 경악했다. 실수로 바뀔 수도 있을 만큼 사람은 용모상의 차이가 거의 없는, 반죽이었다는 사실. 무수히 똑같은 나로부터 우연히 점 찍힌 내가 떨어져나왔다는 사실. 그것이 내 발바닥 중앙에 선명한 증거로 남아 있었다. 친구들에게 들켜서는 안 될 것만 같았다. 대학생 엠티를 가서도 나는 창밖을 바라보고 앉아 밤을 새우거나 양말을 신고 잤다. 샌들의 해방감은 서른이 넘어서 알았다. ‡유계영‡

뜻

[명사] 아무것도 신지 않은 발.

메로나

아이들의 여름 단어를 잔뜩 수집했다. 여름 하면 어떤 게 떠올라? 비비빅이요. 빠삐코요. 옥동자. 죠스바. 그들은 달콤함을 물고 있는 표정으로 떠든다. 준이가 엄마는 외계인을 크게 외친다. 그건 비싸. 아이들의 여름에는 기준이 있나? 창문을 보니 어리둥절 하드를 물고 있는 어린 시절의 내가 보인다. 작은 손이 소중하게 쥐고 있는 건 메로나. 부드러운 크림이 혀를 살짝 감싸다가 미끄러진다. 치아 사이에서 느껴지는 달콤함과 쫀득함. 손가락 사이로 끈적끈적하게 흐르는 초록빛. 뜨거운 볕 아래에서 손을 핥는 시간. 어린 내게 충격을 줬던 메로나의 첫맛. 역시 여름이 올 때 메로나. 그러자 사주실 거예요? 묻는 아이들의 반응이 벌써 뜨겁다. ‡김소형‡

뜻

[명사] 빙그레에서 1992년 1월 출시한 멜론 맛 아이스크림.

메밀

한여름과의 불화를 단번에 잠식시키는 영혼의 식재료. 메밀이 없는 여름은 차라리 살지 않는 편이 낫다. 특히 냉메밀에 와사비를 섞어 먹지 못하는 여름은 거의 죽은 계절이나 다름없다. 어디 국수뿐이겠는가. 전도 전병도 묵도 덮밥도 빵도 차도…… 빚지고 있다. 강원도 봉평에 가면 여름 끝자락에서 가을로 넘어가는 때에 '메밀꽃 축제'를 즐길 수도 있다. 일찍이 「메밀꽃 필 무렵」을 쓴 이효석 작가는 메밀꽃의 향연을 보고 "산허리는 온통 메밀밭이어서 피기 시작한 꽃이 소금을 뿌린 듯이 흐뭇한 달빛에 숨이 막힐 지경"이라고 말한 적도 있다. 여름 메밀은 두 손바닥에 폭 담아 온 푸른 바다의 윤슬 같다. 좋아하는 사람에게 그걸 다 주려고 하면 형체도 없이 바닥에 흩뿌려지겠으나 소금기 가득한 마음은 그대로 전해질 것이다. ‡낙서‡

뜻
[명사] 석죽목 마디풀과 메밀속에 속하는 곡식의 일종. 어원은 "산(뫼, 메)에서 나는 밀".

모기

숙주의 혈액을 먹고 사는 곤충으로, 더위 속에서 활동이 활발하다. 피를 빼앗아간 죄가 아닌 간지럽게 했다는 이유로 숙주에게 죽음을 당한다.

아주 깊은 명상에 들어가면 감각 기능이 저하된대요. 큰스님께서는 수행을 마치고 눈을 떠보니 온 얼굴과 목에 모기떼가 잔뜩 달라붙어 있었다던 이야기를 들려주셨지요. 대상에 대한 분별심 사라지면 괴로움도 없어지나니.

늦겨울 큰스님 만나고 돌아와 어느새 한여름. 매일 밤잠을 깨우는 무더위. 식은땀 흐르게 하는 전기세. 땀 닦아내는 사이에 앵앵거리는 그분. 생은 온갖 고통이 맞네요. 모기 양반, 아무래도 우리는 잘못된 시기에 만난 것 같습니다. 옥체 보존하시려거든 제가 좀 해탈한 뒤에 찾아오셨어야죠. 웬만해선 당신을 그냥 밖으로 내보내드리고 싶지만요, 저도 사정이 사정인지라……

곤충강 파리목 모깃과는 위아래로 난다는데, 숙주는 손을 옆으로 휘젓는 것만 익숙하고요. 놓치고, 뜯기고, 놓치고, 뜯기고, 안 그래도 짧은 밤 설치고 또 설치고. 동 터오는 거 바라보며 하루가 참 지긋지긋하다 싶어지려는 찰나 눈앞에 피 왕창 뽑아먹고 무거워진 몸으로 느릿

느릿 날아가는 모기 한 마리 지나가네요. 어? 허어. 나 잠깐 웃은 것도 같아요.

모기는 모기의 최선을 다했을 뿐이잖아요. 그동안 그걸 몰라줬죠. 깨달음처럼 내리치는 천둥, 번개, 소나기. 온갖 최선이 쏟아지는 계절. 팽창하다 못해 찢어지는 이파리들. 온갖 최선이 펼쳐지는 계절.

그리하여 여름이란 만물을 기꺼워해보려는 계절.

‡숙희‡

뜻

[명사] 숙주의 혈액을 먹고 사는 곤충으로, 더위 속에서 활동이 활발하다. 피를 빼앗아간 죄가 아닌 간지럽게 했다는 이유로 숙주에게 죽음을 당한다.

모깃불

불이라지만 불꽃은 피우지 않고 매캐한 연기만 잔뜩 내는 모깃불. 모기를 쫓을 요량으로 풀을 태워 연기를 낸다. 방은 연기로 온통 하얗다. 모깃불을 피워둔 채 식구들은 자리를 떠난다. 밤마실을 가거나 마당 평상에 앉아 모기에 시달리며 모깃불이 제 역할을 다하기를 기다린다. 모기들은 독한 연기에 죽는 것인데, 모깃불 연기가 모두 사라지기까지는 시간이 한참 걸렸다. 방문을 활짝 열고 환기를 할 수도 없는 노릇. 그러니 그 방에서 죽어나는 게 모기만은 아니다. 남은 연기 속에서 연신 기침을 해가며 잠을 청하거나 방 밖으로 뛰쳐나가서는 수밖에. 어린 시절 나는 이 광경이 늘 의문이었다. 모기와 인간 중에 과연 승자는 누구인가. 어느 날 분무식 모기약 '푸마끼'의 등장으로 모깃불의 매캐한 연기는 사라졌지만, 더욱 강력한 모기약 냄새에 시달려야 했지. ‡유실‡

뜻

[명사] 모기를 쫓기 위해 풀 따위를 태워 연기를 내는 불.

모시

한자 선생님이나 고집스러운 할머니 혹은 할아버지가 입고 있을 것만 같은 모시옷을 근래에는 보기가 힘들어졌다. 입어본 기억은 있지만, 구체적으로 내가 원했던 일은 아니다. 그러나 그게 까슬하고 시원했다는 감각은 선명하게 남아 있다. 언제나 여름이면 모시옷을 입고 있던 증조할머니가 생각난다. 방학 때마다 놀러 간 외갓집에서 여생을 보내고 계셨는데, 빳빳해서 구김살 하나 없는 모시옷처럼 생활에 엄격하고 성격도 까칠해서 우리는 증조할머니를 무서워했다. 증조할머니가 양로원에라도 가면, 범접할 수 없던 증조할머니의 방에 들어가 구경을 했다. 제주 용두암 앞에서 찍은 사진에도, 칠순 잔치 때 계곡 평상에서 찍은 가족사진에도 모두 모시옷을 입고 계신다. 어디선가 모시옷을 보면 증조할머니가 떠오르

는 게 이상한 일이 아니게 되었다. 어느 날, 외갓집 창고에 과자 같은 것을 가지러 갔다가 비닐에 덮여 걸려 있던 단정한 모시옷 한 벌이 있었다. 증조할머니의 옷인가 하고 만져보려던 찰나에 외할머니가 그것은 만지면 안 된다고 단호하게 말한 적이 있었다. 증조할머니가 돌아가시고, 장례식장에서 그 옷이 수의였다는 것을 뒤늦게 깨달았다. 그곳이 너무 덥지 않기를. 어디선가 살랑이는 바람이 불면 꼭 증조할머니의 부채질 같다.‡넝쿨‡

뜻
[명사] 모시풀 껍질의 섬유로 짠 옷감.

모자

강렬한 햇빛으로 온 세상이 푸릇푸릇해지고 환해지면 풍경에 생기가 넘쳐 아름다워진다. 물론 실내에서 에어컨 바람을 쐬며 여유롭게 커피를 마시면서 바라볼 때 말이다. 풍경이 지나치게 아름답다고 느낄수록 바깥은 폭염에 휩싸여 있다. 거의 모든 사람이 얼굴을 찡그리며 걸어간다. 너무 눈부신 여름은 때때로 위협적으로 다가온다. 왜 옛날부터 지옥을 상상할 때 불구덩이 이미지를 그렸는지 알겠다. 고대 페르시아 종교였던 조로아스터교는 선악을 명확히 구분해서 악한 자는 지옥에 간다고 했는데, 그렇다면 한여름에 우리는 모두 악인이 되는 걸까?

생각 차단기가 필요하다. 밝은 세상을 살아가려면 적당한 어둠도 필요하다는 이치와 맞물린다. 가끔은 일부러 생각을 멈추어야만 더 좋은 생각으로 나아갈 수 있고 성숙한 존재로 성장할 수 있다. 그러니 모자를 자주 써도 좋을, 써야만 하는 여름은 얼마나 좋은지. 눈을 거의 다 가릴 만큼 모자를 깊이 푹 눌러쓰고 거리를 활보하면 괜히 '스트리트 댄서Street Dancer'가 된 기분. 손질하기 귀찮은 머리는 어둠 속에서 왁스와 스프레이로 강제로 고정되는 운명에서 잠시 자유로워질 수 있다. 몸의 일부만 가렸을 뿐인데 체온을 낮출 수 있다는 사실은 종종 살면서 큰 위로가 된다. 누군가의 기쁨에 초대되어 축하하고 싶을 때 모자를 선물해주는 사람이 되고 싶다. 다음과 같은 말을 엽서에 쓰면서.

"이거면 충분해. 이거라면 너는 언제 어디서든 너의 몸을 달아나려는 영혼과 무표정으로 하이파이브를 할 수 있지. 너는 결코 나쁜 사람이 아니야. 내가 알아." ‡낙서‡

뜻

[명사] 머리에 쓰는 물건의 하나. 예의를 차리거나 추위, 더위, 먼지 따위를 막기 위한 것이다.

문신

어떤 각인은 몸에 새겨야 한다. 정신을 믿을 수 없어 오로지 몸으로만 기억해야 하는 이름과 글자와 그림이 있다. 저마다 의미가 있을 수 있지만 의미 없이 바늘에 새겨지는 검정 자체를 즐기는 경우도 많다. 살갗을 드러내는 여름에 뽐내기 좋다. 등을 헤엄치는 돌고래는 눈으로 직접 볼 수 없다. 팔꿈치에 뿌리를 내린 나무는 몸통을 구부리는 능력을 얻는다. 여름의 피부에는 뜨거운 눈시울을 새긴다. 여름에는 사랑으로 반짝이는 것들이 너무 많아 어둠에 가두고 싶다. 빛나는 기쁨은 오래 지속되지 못할 것 같은 두려움. 삶은 느긋한 각인을 요청한다. 종종 뼈를 깎는 고통을 동반하지만 속으로 깊이 침투하지는 않는 배려로 단조로웠던 육신에 새로운 형상을 담는다. 보편적 아름다움의 기준에 의해 대개 무시나 비난을 받기도 하지만 몸에게 적용되는 질서를 어그러뜨리는 쾌감 또한 무시할 수는 없다. 열대야를 걷는 보폭들이 모여 여름의 순간에 이야기를 하나하나 그린다. 어떤 이야기는 말이 아니라 몸으로 말해야 한다. ‡낙서‡

뜻
[명사] 살갗을 바늘로 찔러 먹물이나 물감으로 글씨, 그림, 무늬 따위를 새김.

물

물은 여름의 언어다. 그것은 아무 말도 하지 않지만, 대신 표면을 반짝인다. 고요한 깊이로 우리의 마음을 동하게 한다. 아이들은 천진난만하게 뛰어들고, 어른들은 조용히 그 물을 들이켜며 오래전 감정을 되새긴다.

여름이 지나면 늘 무언가가 녹아버린다. 이를테면 기억 같은 것들. 한때는 단단했던 약속이나 누군가의 이름을 부르며 느꼈던 선명한 감정들. 그런 것들은 여름의 열기 속에서 서서히 흐려지고, 이내 힘을 잃고는 조용히 흘러내린다. 어떤 기억들은 완전히 사라지기도 하지만, 여전히 우리 마음속 어딘가에 천천히 스며드는 기억들도 분명히 존재한다.

아주 오래전 한강을 걸으며 누군가가 내게 했던 것이 아직도 내 귓가에 맴도는데, 정작 그 말의 내용은 기억나지 않는다. 다만 그때의 더위와 습기, 조금씩 젖은 머리카락, 함께 마셨던 음료수의 맛, 이상하게도 그런 것들이 말보다 오래 남는다. 하나의 단어보다는 여러 감각으로 여름은 우리에게 다가오는 것 같다.

그러다 여름이 지나면 모든 것은 조금씩 흐려지고, 또 조금씩 지워진다. 엎어진 음료를 닦아내고 말리는 것처럼. 하지만 여름 동안에 사라진 것들은 우리 안 어딘가에서 조용히 새로운 마음이 된다. 그렇게 여름이 끝나고 나면 우리는 아주 조금 다른 사람이 되어 있다. ‡심재헌‡

[명사] 강, 호수, 바다, 지하수 따위의 형태로 널리 분포하는 액체. 순수한 것은 빛깔, 냄새, 맛이 없고 투명하다.

물꽃

물보라가 아름다운 해변. 파도가 바다의 일이 아니라면.* 파도가 물의 도움 없이 파도 그 자체로 자신을 증명할 수 있다면. 물이 얼마나 어떻게 모여 있느냐에 따라 강이 되고 천이 되고 호수가 되고 연못이 되고 수돗물이 되고 구정물이 된다. 어느 날 물이 뺨 한쪽을 타고 흐르고 있으면 누군가가 염려하는 표정으로 마음을 들여다보려고 한다. 괜찮아? 무슨 일 있어? 하지만 이것은 눈에서 차올라 흐른 물이 아니다. 갑자기 자신도 모르게 들러붙은 물이다. 그래도 이것은 눈물이다. 뺨에 붙어 있기

---

* 김연수 장편소설 『파도가 바다의 일이라면』 제목 변용.

에. 물길을 내고 흐르다가, 턱끝에 맺혔기 때문에. 여러 이유와 관계하면서 물의 가능성은 확대된다.

　물은 투명하지만 거품은 희다. 왜 파도의 맨 앞은 설원의 일부를 입체적으로 끌어안고 달려오나. 왜 숫눈만을 그러모아 제방에 던지려고 하나. 왜 하얀 마음을 깨뜨리려고 하나. 파도는 제방에 부딪혀 포말을 일으킨다. 파도 사이사이에 공기가 들어가 거품을 만들고 빛의 굴절과 산란으로 인해 하얀 거품이 형성된다. 바다는 하루에 몇 개의 파도를 잃어버릴까. 이것이 바다가 파도를 기억하는 방식이라면.‡낙서‡

뜻
[명사] 하얀 거품을 일으키는 물결을 비유적으로 이르는 말.

물비린내

여름 천을 걸으면 물비린내가 올라온다. 냄새를 맡으면 두 가지를 알게 된다. 내가 지금 여기, 진짜 여름 안에 있다는 것. 그리고 머지않아 비가 온다는 것. 물비린내를 들이켤수록 배 안에서 조금씩 무언가 차오르는 느낌이 든다. 그것에는 알 수 없는 중독성이 있어서 어느새 나는 배를 가득 채우고 싶어진다. 천천히 걷는다. 바람에 흩날리는 버드나무와 어느새 날아든 왜가리, 음악을 크게 틀고 뛰는 한 무더기의 사람들과 떨어진 아이스크림을 본다. 숨을 한 번 크게 들이쉰다. 이 모든 여름을 뱃속에 꾹꾹 눌러 담는다. 물비린내의 이름으로 여름을 포장해야지.

　　장마가 오기 전의 일이다. ‡초록‡

뜻

[명사] 물에서 나는 비릿한 냄새.

뭉게구름

앞날이 깜깜할 때 하늘을 올려다본다. 꿈이 가슴을 뚫고 솟구친들 생활보다 커다래질 수는 없구나. 푸른 하늘을 가득 채우려는 건 욕심이지만, 마음을 쏟아버리지 않고 품으면 모양이 생긴다. 쉽게 찢어지거나 가볍게 날아갈 것 같은 나의 작은 미래. 뭉게구름을 쫓아가는 게 생활로부터 도망치는 것처럼 보일까봐 어디로도 달려가지 못한 건 나의 잘못이다. 하지만 어느 방향으로 몸을 돌려도 뭉게구름은 등 뒤에 있다. 생활을 둘러싼 게 꿈이라면 매년 갱신되는 여름의 더위를 이해할 수 있을 것만 같아도, 가끔은 가방을 거꾸로 든 아이처럼 꿈을 전부 쏟아버리고 싶다. 뭉게구름 속 수증기로 내가 할 수 있는 것이 무엇인지 보고 싶다. 바깥의 더위에 금방 증발할지라도, 다 하고 싶은 마음으로 앞날을 직시해본다. 눈을 제대로 뜨고 통과해야 하는 한여름에는 어딜 가도 곡소리가 가득하다. 비애는 매미가 울음을 기록하는 방식으로 중첩된

다. 그 비애를 들어야 한다. 정확히 들으면 잊을 수 없다. 긴 여름의 방황을, 내가 삼킨 축축한 다짐을. ‡김태훈‡

뭇
[명사] 뭉게뭉게 피어올라 윤곽이 확실하게 나타나는 구름으로, 밑은 평평하고 꼭대기는 솜을 쌓아 놓은 것처럼 뭉실한 모양이며 햇빛을 받으면 하얗게 빛난다.

미수

언젠가 어머니 아버지랑 여름에 별미로 보리밥을 먹으러 가자고 했다가 옛날이야기만 진탕 듣고는 다른 식당에 갔던 기억이 있다. 시골에서 없이 자랐다는 어머니 아버지에게 보리밥을 먹으러 가자는 제안은 예전 보릿고개 시절로 돌아가자는 뜻과 다를 바가 없었다. 누군가에게 곡식이 다양한 형태의 음식을 즐길 수 있는 재료라면, 누군가에게 곡식은 생존 그 자체였을 것이다. 여름이 오면 꼭 유리잔에 얼음을 듬뿍 넣어 시원한 미수를 마신다. 어렸을 적엔 아침에 밥 대신 마시고 나가기도 했다. 여름방학이 오면 소파에 앉아 미수를 마시면서 만화책을 보는 오후가 그렇게 좋을 수가 없었다. 그러다가 슬슬 햇볕의 온기에 온 정신을 한여름에 내맡긴다. 어머니 아버지의 한여름은 어땠을까. 한여름에 녹은 것들을 떠올린다. 소파에 누워 침을 흘린다. 바닥에 흐르는 개꿈이 청명한 하늘에 퍼진다. ‡낙서‡

뜻

[1] [명사] 설탕물이나 꿀물에 미숫가루를 탄 여름철 음료.
[2] [명사] 잠시 동안의 가벼운 잠.

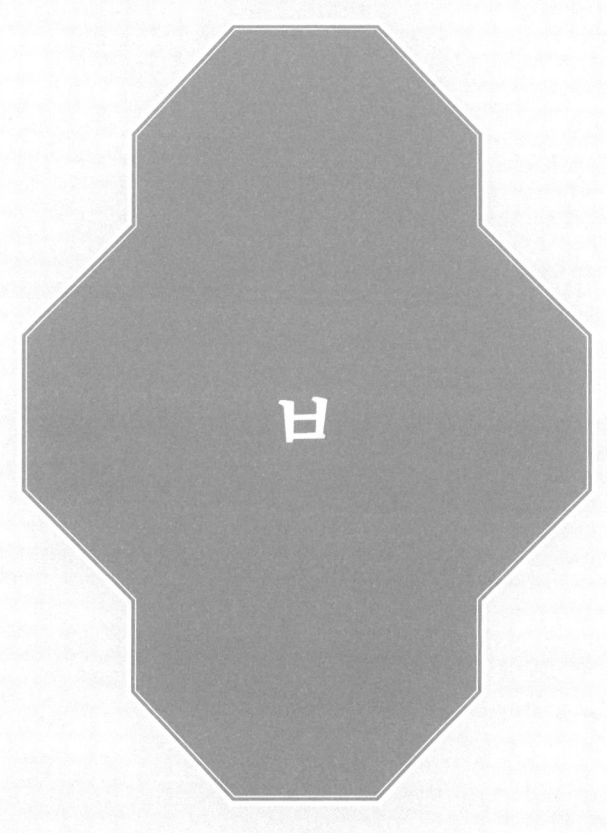

발톱◇방방이◇배웅◇배차간격◇백조자리
버찌◇버터동굴◇벤치◇보글보글
보조개◇복숭아절임◇부스러기◇부채◇빗낱
빙수◇빛나다◇빨대

발톱

여름의 발톱은 빈번히 눈에 띈다. 그래서 더 자주 깎게 된다. 여름엔 깎는 방법이 조금 달라진다. 겨울에, 봄과 가을엔 딱, 딱 잘라내던 것을 또각, 또각, 또각 세심하게 다듬듯 잘라나간다. 더 오래 발을 붙잡고 더 집중하며, 그리고 계속 딴생각을 하며. 눈에 잘 띄지 않는 것들에 대해.

예를 들어 비행기, 때맞춰 내 머리 위를 지나 더 무더운 나라로, 아니면 조금 서늘한 나라로 날아가겠지. 돌을 던지면 피라미들은 돌 틈으로 숨겠지. 예를 들어 총알이 뚫고 지나간 파란 머리띠, 붉은 리본. 그리고 무풍 가운데의 돛. 나를 끌어안듯 웅크린 채 포구를 흥얼거리고, 이리저리 튄 발톱 조각들을 쓸어 모으며 나는 돌아가고 싶다고 생각한다. ‡언덕 위의 호세‡

[명사] 발가락의 끝을 덮어 보호하고 있는, 뿔같이 단단한 물질.

방방이

 구름을 밝히는 빛과 가까워질 수 있도록 더 높은 점프를 돕는 둥근 공중. 왠지 조금만 더 손을 길게 뻗으면 하늘에 닿을 수 있을 것만 같은 착각을 주는 거대한 눈동자. 때마침 함박눈이라도 내리는 겨울에 사위가 고요해지고 세상이 하얗게 뒤덮이면 정말이지 눈꺼풀이 없어 슬픈 눈망울 같았지. 아무도 방방 뛰러 놀러 오지 않을 땐 잠시 눈을 감고 쉬어도 돼, 깊은 꿈을 꾸어도 돼, 그렇게 말해주고 싶었지. 방방, 방방. 한때 우리는 모두 한 번쯤 펄쩍펄쩍 뛰었던 존재. 우리는 끝내 융단 위에 앉아 하늘을 날진 못했지만 바닥에 서 있는 것보다 공중에 떠 있는 것이 더 편안할 수도 있다는 기분을 배울 수 있었다. 그래서 누군가의 눈동자를 오래 바라볼수록 그리 가슴이 뛰었던 건가. 한번 사랑해보고 싶었던 걸까.

 정식 명칭은 '트램펄린Trampoline'이다. 동네마다 부르는 이름이 다르다. 스프링으로 연결한 매트가 단독적으로 있을 수도 있고 여러 개가 인접할 수도 있다. 너무

감당할 수 없는 높이를 뛰었다가 방향이 잘못 튀면 스프링에 착지하여 다칠 수도 있으니 조심해야 한다. 바닥이 지겨울 때, 그러니까 공중에 더 오래 머무르고 싶을 때마다 방방이를 타러 갔다. 우리 집에서 방방이를 타려면 큰길을 빙 돌아서 가야 했지만 나는 주로 지름길을 이용했다. 지름길은 울타리 너머였다. 매일 머리가 깨질 위험을 무릅쓰고 방방이를 타기 위해 월담했다. 그 작은 위험만 감수하고 나면 방방, 방방, 나의 꿈은 언제나 팔과 다리를 힘껏 뻗고 뛰어오를 수 있었다. ‡낙서‡

뜻

[명사] 철제 받침대에 캔버스 천을 스프링으로 연결한 도구.

배웅

속눈썹을 엄지와 검지로 집는 일. 손끝에 딸려 나오는 속눈썹 몇 가닥을 바로 털지 않고 햇볕에 말려 보는 일. 피아노 앞에 앉아 아무 건반도 치지 않고 서스테인 페달만 누르는 일. 창밖으로 흩날리는 벚꽃 잎을 바라보며 미리 여름 뒤에 서 있는 일. 물놀이를 마치고 천막 아래에서 낮잠 자는 아이 곁에서 튜브 바람을 빼주는 일. 오후의 창가 쪽으로 몸을 기울인 채 천진하게 웃으며 들려주는 사람의 이야기에 맞장구를 치고 고개를 끄덕이는 일. 명함을 주는 일. 외투에 묻은 먼지를 남모르게 털어주는 일. 생일을 축하하는 일. 무거운 캐리어를 대신 들어주는 일. 꽃놀이 가는 일. 돗자리 펴는 일. 정성스럽게 싸 온 도시락을 꺼내고 함께 먹는 일. 책을 읽는 일. 책을 덮는 일. 싱그러운 햇살에 손차양을 하고 얼굴을 조금 찡그리는 일. 초점이 흐려져서 풍경의 해상도가 낮아져도 곁에 있는 당신만은 선명해지는 일. 새해 달력을 펼쳐 한 장씩 넘기다가 종이에 손이 베이는 일. 자주 들었던 노래가 데려가는 장소에 약속 없이 머무르는 일. 집 구경을 시켜주는 일. 흰 레이스 커튼을 다는 일. 사진관에 필름을 맡기고 주변 거리를 배회하는 일. 깜빡이는 전구를 가만두는 일. 비 오는 날 발목이 철벅거리는 하굣길을 우산 없이 걷는 일. 껴안는 일. 손잡는 일. 버티는 일. 지키는 일. 농담하는 일. 듣는 일. 돕는 일. 닮는 일. 자는 일. 믿는 일. 사는 일. 몇 시간째 다 쓰지 못하는 편지를 내려다보는 일. 이부자리를 개는 일. 손목시계를 차는 일. 물잔에 고인 흰빛을 뜨는 일. 현관에 놓인 신발들을 같은 방향으로 놓아주는 일. ‡낙서‡

[명사] 떠나가는 손님을 일정한 곳까지 따라 나가서 작별하여 보내는 일.

배차간격

뚜벅뚜벅 걷길 좋아하는 내게 대중교통은 국내 여행에서의 필수 요소다. 관광지의 카페나 식당 가기를 꺼리는 내게 배차간격은 가장 나다운 여행이다. '도착예정정보 없음'이 익숙한 여행. 자연스레 근교를 쓰다듬고 문지르며 계속 걷는다. 한번은 국내여행을 하는 도중, 눈앞에서 놓친 버스가 안타깝고 살짝 분한 마음이 들어 버스회사에 전화를 했다. 선생님, 다음 버스는 언제 올까요. 하고 물으면 선생님은 구수한 사투리로 다음 버스의 행방과 더불어 대체버스를 알려준다. 음, 정류장엔 잘 서지 않는데 종종 마을 어르신들 태우러 와요. 횡재한 기분이다. 배차간격이 긴 버스를 타고, 다음 정류장에서 탄 누군가를 만나면 기쁘다. 얼마나 기다렸을까 그는. 되짚어보면 내적 친밀감이 생기는 것만 같다. 여름과 겨울 중 배차간격이 더 고통스러운 건 무엇일까. 주변에 이런 질문을 던지며 또 한 달을 보냈다. 배차간격 버티기 노하우라도 만들어야지 싶다. ‡능소화‡

[명사] 정해진 시간 또는 순서에 따라 버스나 기차 따위를 일정한 선로 또는 구간에 나누어 보내는 간격.

백조자리

 사람의 분위기라는 건 어떻게 생겨나는 것일까. 나는 그가 근사하다고 생각했다. 모두가 알아볼 정도는 아니고 적당히, 알맞다 싶을 정도로. 적당함의 선을 넘는 법 없이 조금 작은 목소리, 조금 느슨한 마음가짐 같은 것이 좋아 보인다고 생각했다. 그는 하늘 보는 것을 좋아해서 종종 오늘은 하늘을 더 자주 보게 되길 바란다는 메시지를 보냈다.
 내가 백조자리에 대해 알게 된 것은 그를 통해서였다. 십 대 시절 그는 별자리의 경로를 조사하는 방학 숙제를 하기 위해 동네의 가장 높은 고개로 올라갔다고 했다. 백조자리가 어떻게 생겼는지, 어떤 식으로 찾을 수 있는지 듣는 동안, 나는 그 이야기가 얼마나 심심하게 들리는지, 그런데도 아무렇지 않게 한 사람을 어떤 장면 속

으로 데려가는지에 대해 놀라고 있었다.

 그 여름밤의 후덥지근함 속에서 저 별들을 가상의 선으로 이을 수 있을지, 그렇게 그걸 백조자리라고 부르고 발견했다고 말해도 좋을지에 대해, 그는 망설이고 있었다. 그를 보며 나는 한 사람이 간직하고 있는 장면의 총합 같은 것이 그 사람 고유의 느낌을 만드는 것은 아닐까, 생각했다. 그리고 알고 싶어졌다. 사람은 왜 어떤 장면을 잊고 어떤 장면을 간직하게 되는 것인지. 그럴 수만 있다면 그렇게나 심심한 장면들을 간직했다가 아무렇지 않게 꺼내 드는 사람, 그 사람이 나였으면 했다. ‡이제재‡

[명사] 여름철 북쪽 하늘에 보이는 별자리. 알파성인 데네브를 중심으로 주위의 별들이 십자 모양을 이루어 백조가 날개를 펴고 날아가는 모습을 하고 있다.

버찌

길을 걷다가 문득 길거리가 더럽다고 느낀다. 가지에 걸려 있던 버찌들이 여름이 왔다는 소식을 알리기 위해 바닥에 떨어졌다. 따뜻한 햇볕 속에서 처참하게 몸이 터져 버린 버찌 시체들. 함부로 버찌를 따 먹다가 혀가 붉어진 어느 유년의 여름도 함께 터진 것처럼. 누군가가 제때 찾아오지 않는다면 유실수의 삶은 추락으로 결말을 맺는다. 길에 떨어져 몸에 고인 진액을 터뜨리면서까지 여름을 알리는 이유가 무엇일까.

 벚나무가 서 있는 길이라면 어디서든 꼭지가 떨어진 버찌를 밟을 수 있다. 옷에 묻으면 잘 지워지지도 않는다. 그들을 피해 조심스럽게 다시 걸음을 옮긴다. 벚꽃이 핀 다음 버찌가 열리는 순서에 맞게 살아가야 하는 이 세계의 여름은 추락의 흔적을 곳곳에 남긴다. 다음 계절에서 추락해야 하는 것들에게 미리 활달한 생명력을 담아 보여준다. 이토록 싱그러운 추락을. 끈적끈적한 산책을. 버찌를 피해 걷는 길 끝에는 내가 오래도록 기다렸던 여름이 반겨주겠지. ‡낙서‡

뜻
[명사] 벚나무의 열매를 통칭하는 순우리말.

버터동굴

버터를 중앙에 품은 빵 반죽이 오븐에서 열을 받아 녹아 없어질 때, 반죽 안으로 버터가 사르르 스미고 그 자리에 빈 공간이 생기며 버터의 향과 즙이 빵 벽 이곳저곳에 스민다. 기름이 흐른다. 고체의 이야기에서 액체가 되어갈 때 그 후일담이 궁금해지는 빵. 여름밤에는 무지막지한 이야깃거리와 고민이 늘상 많아진다. 그렇기에 함께 길을 걷는 걸 좋아한다. 서로의 얘기를 함께 묶었다. 갓 볶은 원두에 내린 따듯한 물처럼 흐드러지게 이야기가 생긴다. 여름밤 공기는 버터의 세계처럼 습진하고 고소하고 달달하고 여럿이다. 이모티콘으로 이어지는 대화처럼, 공기감으로, 밤의 리듬만으로 큰 동굴이, 관계에 우리만의 비밀기지가 생기는 깊고 넓은 굴 안에서.‡능소화‡

[신조어, 명사] 소금빵 반죽 가운데 넣은 버터가 오븐에서 녹으며 생긴 동그란 공간.

벤치

1.

따뜻한 햇볕이 어느 한 자리에 고이면 모두 앉아서 여기서 좀 쉬었다 가라고 말해주듯 환히 빛난다. 여러 사람이 나란히 머무를 수 있도록 최대한 몸을 늘린다. 억지로 마음을 열 필요는 없다. 바닥에 닿지 않을 만큼만 낮은 자세로 지친 발걸음을 돌보는 모양이다. 가끔 혼자 앉아 있거나 누워 밤하늘을 올려다볼 수도 있다. 함께 앉았다가 혼자 남겨지는 경우도 많다. 종종 삶의 고된 사연이 남겨지기도 하는 자리다. 여름이 눈을 한 번 깜빡였다가 찬란한 생이 흩어지고 속눈썹이 한 가닥 떨어져 팽팽해진다. 그 위에 내려앉은 먼지 같은 속사정들이 어느 동네의 한적한 오후를 채운다. ‡낙서‡

2.

밤의 벤치에 이토록 자주 앉았던 적이 있던가. 더위가 잠시 눈을 붙일 무렵, 밤기운이 드리워질 때마다 숨어 있던 사람들이 하나둘 나오고, 벤치 주위가 시끌벅적해진다. 벤치엔 여름의 기운이 있다. 헤어지기 아쉬워 벤치에 앉아 삼삼오오 끊이지 않는 이야깃거리를 늘어놓고, 조금 더 진솔한 마음을 드러내고 싶어진다. 고개를 끄덕이는 것도, 적당한 단어를 골라 말하는 것도, 흩어지고 모이는 사람들을 관찰하는 것도. 벤치에선 모두 특별하게만 보인다. 벤치 끝과 끝에 걸터앉아 모르는 사람과 같은 시간을 부자연스럽게 보내는 일도 좋다. 어색함에서 오는 긴장감으로 보는 풍경과 생각. 벤치는 실로 마음이 자리하는 곳이다. ‡능소화‡

뜻

[명사] 여러 사람이 함께 앉을 수 있는 긴 의자.

보글보글

여름 감기는 개도 안 걸린다는 속담은 모르시는 말씀이다. 여름은 일교차가 큰 날씨가 반복되기 때문에 체온 조절을 못하면 면역력이 저하돼 감기에 걸리기 쉽다. 또한 실내에서 에어컨이나 선풍기를 자주 사용하면서 냉방병에 걸릴 수도 있다. 그걸 알면서도 담요를 두르고 차를 끓이는 한여름 밤이다. 시간이 지나자 물이 끓기 시작한다. 물에서 기포들이 올라온다. 기포들은 잠시 몸이 부풀었다가 터진다. 마치 물은 기포가 사라지는 시간으로 완성되는 것처럼 분주한 움직임이다. 찻잎을 우린다. 코를 훌쩍인다. 물속에서 우글거리는 둥근 잠들. 달아나는 눈빛을 붙잡으려는 눈동자들. 외계에서 보내는 모스 부호. 얼른 이 여름 감기도 펑, 터져버리기를. ‡낙서‡

뜻

1 [부사] 적은 양의 액체가 잇따라 야단스럽게 끓는 소리. 또는 그 모양.

2 [부사] 잇따라 작은 거품이 일어나는 소리. 또는 그 모양.

보조개

얼음이 졸다 깨는 시간에 선풍기 돌아가는 소리
그 바람에 일정한 텀 두고 살랑이는 커튼
커지는 말소리, 연장된 만남
물 향 따라 걷는 밤
청명한 패턴과 요란한 천둥
따듯한 토스트와 새하얀 우유
에코백과 베이지색 반바지
골목에 모인 알록달록 컵
나로 향하는 방향에서 기다리고 있는 마음 모두
여름의 보조개 속에서 생각한 일들

‡능소화‡

뜻
[명사] 말하거나 웃을 때 두 볼에 움푹 들어가는 자국.

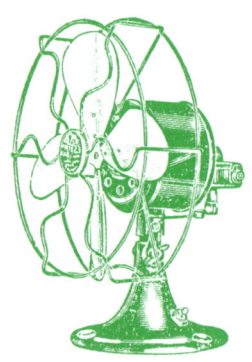

복숭아절임

여름의 비결이라고 한다면, 나를 기다리고 있는 무언가 하나쯤 만들어 시원하게 두는 것이다. 냉장고 속에 복숭아절임 같은 것을. 과일 주스를 뜻하는 단어를 사용해 '복숭아 넥타nectar'라고 부르기도 한다.

만드는 법
㉠ 복숭아를 흐르는 물에 깨끗이 씻어 껍질을 벗긴다.
㉡ 먹기 좋은 크기로 자른다
㉢ 냄비에 복숭아, 설탕, 물을 1:1:3 비율로 넣고 끓인다.
㉣ 물이 끓으면 약불로 줄인 뒤 10분간 졸인다.
㉤ 소독된 유리병에 담아 냉장 보관한 뒤에 먹는다.
‡넝쿨‡

뜻
[명사] 복숭아를 설탕물이나 꿀물에 끓인 뒤, 졸여 먹는 것.

부스러기

노트나 종이 위에 부스러기가 떨어지면 사진으로 기록해두는 편이다. 내가 잘 모르는 별자리나 손금 모양 같기도 하다. 어떤 미래의 자리를 말하는 것 같기도 한. 촘촘히 이어진 작은 돌들이 또 다른 관계를 보여주는 것 같다. 어떤 사람을 생각하면 여전히 아프다. 마음은 아니고 기분이 아프다. 나를 둘러싼 기운이 약해져서 그것에 종종 미안함을 느낀다. 어렸을 때 종이밥을 먹는 한 남매의 이야기를 읽고, 한동안 종이를 찢어 입에 넣고 종이를 씹어먹고 빨아먹었다. 종이는 아주 메말라서 정작 삼켜지는 건 내 침이었겠지만. 나는 마음이 힘들 때, 너무 울고 싶을 때면 종이 빠는 기분을 생각한다. 메마르고 뻣뻣한 윤기 없는 까슬까슬한 느낌. 세상 모든 슬픔에 그런 기분을 가질 때가 오겠지, 생각하면서. ‡능소화‡

[부사] 잘게 부스러진 물건. 산발적 기억이나 추억을 표현할 때 쓰는 단어.

부채

어떤 시절의 보살핌에 대한 기억은 평생 나를 따라다니며 좀 나빠지고 싶을 때마다 나를 달래준다. 숨이 턱턱 막히는 시간 속 겨우 몸을 바로 세우고 견디는 순간에 내 쪽으로 부채 바람을 보내주는 사람이 꼭 한 명쯤은 있다. 부채는 나를 위한 준비물일까. 너를 향한 고백일까. 이 계절의 가장 쓸모 있는 아이템을 나만 가진 것처럼 호기롭게 부채를 꺼내서 너를 향해, 오로지 네 쪽으로 바람을 일으키던 날의 나는 얼마나 신났던가. ‡유실‡

뜻
[명사] 손에 쥐고 흔들어 바람을 일으키는 물건.

빗낱

어릴 적 키 큰 친구 샘이네 집 마당에서 공깃돌을 주워 모으고 있었다. 맨손으로 흙을 들추어 자갈을 골라내 곱게 흙 바탕을 다지고는 마당 곳곳에서 주운 공깃돌을 한데 모았다. 애매한 크기의 돌을 주우면 샘이 손바닥에 한 번, 내 손바닥에 한 번 번갈아 올려보며 과연 공깃돌이 될 수 있을지 가늠하기 바빴다. 제법 많은 돌을 모은 우리는 처마 밑 그늘 한 조각에 겨우 몸을 끼워 넣고 마주앉았다. 이제 막 '많이 공기'를 시작하려던 참이었다. 되도록 많은 공깃돌을 얻는 사람이 이기는 놀이다. 샘이와 나는 실력이 비등해서 공깃돌이 다 없어질 때까지 긴장을 놓을 수 없었다. 놀이가 끝나면 눈짐작으로 자기 앞에 놓인 공깃돌이 더 많다고 다투다가 한 알 한 알 공깃돌을 세서 승자를 가리느라 늘 끝이 좋지 않았다.

샘이가 공깃돌 하나를 던져 올렸을 때 부엌 간에 계시던 할머니께서 우리를 향해 "빨래 걷어야겠다. 빗낱 떨어진다" 말씀하셨다. 샘이는 못 들은 체하고 나는 할머니의 말속에서 '빗낱'이라는 단어를 잡아챘다. "빗낱? 빗낱이 뭐야?" 질문에 대답이라도 하듯 마당 위로 후두두 떨어지는 낱낱의 빗방울들. 작은 흙먼지를 일으키며 피어오르던 흙냄새. 조금 전까지도 한낮의 해로 환하던 마당은 일시에 어두워지고 그 위로 촘촘히 새겨지던 작고 검은 발자국들. 씻겨 말갛게 생기를 띠던 공깃돌. 절로 알게 되었다. 저것이구나, 빗낱. 빨랫줄에 걸린 새하얀 홑청 사이로 화살처럼 쏟아지던, 한여름 소나기의 맨 앞에서 무섭게 내달려온 빗방울의 이름. 빗방울 하나하나가 공깃돌만큼이나 커 보였다. ‡유실‡

뜻
[명사] 낱낱의 빗방울. 비구름 속 제일 무거운 빗방울 몇몇.

빙수

한여름이라고 해서 모든 날이 빙수 먹기 적합한 날이 되진 않는다. 그날의 내가 지하철의 약냉방 칸에 탔는지, 일반 칸에 탔는지, 얼마나 오래 탔는지, 내려서는 얼마큼 걸었는지, 걷는 동안 더운 바람이라도 불었는지 말았는지, 얇은 외투를 챙겼는지, 함께 주문할 음료가 아이스인지 핫인지. 게다가 빙수는 협동과 우정의 디저트. 첫째, 얼음산의 사방을 숟가락으로 살살 달래가며 퍼먹어야 하고 둘째, 내용물을 그릇 밖으로 흘리는 불상사가 없어야 하며 셋째, 재료와 얼음의 조합이 마지막 한 숟갈까지 딱 맞게 끝나야 한다. 얼음만 남아서 심심한 맛으로 스테이지를 마무리하게 되면 무척 아쉽기 때문! 앞서 이야기한 모든 사항을 별다른 말 없이, 눈빛만으로 함께 해낼

친구가 있다면……. 그 친구가 바로 지란지교! 까다롭게 굴었지만 사실 중요한 건 이거다. 올여름, 최대한 많은 친구와 빙수 약속을 정하고, 만나버릴 것이다. 맨 얼음이든 우유 얼음이든 얼린 과일을 갈아 만든 얼음이든 상관없고, 팥이든 토마토든 복숭아든 푸딩이든 상관없다. 최대한 많은 날을 좋은 날로 바꿀 것이다. 순진한 어둠의 겨울과 가슬가슬한 우울의 봄을 지나, 너와 나는 만날 것이다. ‡나혜‡

뜻

[명사] 얼음덩이를 잘게 갈아서 눈과 같이 만들고 거기에 당밀(糖蜜) 또는 설탕, 향미료 따위를 넣은 음식.

빛나다

여름빛이라는 단어처럼 여름은 늘 빛을 건넨다. 작은 빛이 점점 커지기도 하고, 빛은 없었던 것처럼 아주 어두워지기도 한다. 어떤 날에는 멀리서 여름을 바라보고 싶지만, 여름은 불쑥 찾아온다. 나는 여름을 싫어한다고 생각했는데 여름이 지나고 나면 그 풍경을 그리워하게 된다. 물속에서 헤엄치는 사람들, 빛을 받아 커다랗게 자라나는 나무, 시원한 곳을 찾아 졸고 있는 강아지, 눈이 부시도록 밝아지는 풍경들. 그러나 여름의 빛은 잠깐 나타났다가 어디론가 사라진다. 잠깐 나타났다가 사라지기에 아쉽지만, 잠깐 나타났기에 그것이 더 아름다운 것 같다고 생각하면서 언제나처럼 여름을 기다린다. ‡차유오‡

뜻

[동사] 빛이 환하게 비치다.

빨대

빨대 만지는 걸 좋아한다. 정확히는 빨대의 머리가 꺾이는, 그 주름진 부분을 만지고 얼음이 담긴 음료를 휘저으며 상대방과 책상을 두고 마주 앉아 이야기하는 걸 좋아한다. 빨대 만지며 돌리는 일은 내게 안식을 준다. 시계 방향, 반시계 방향, 또는 내가 원하는 방향대로 빨대를 돌리는 순간 속에서 휘몰아치던 감정들이 천천히 사그라지고 정리된다.‡능소화‡

뜻

[명사] 물 따위를 빨아올리는 데 쓰는 가는 대.

산돌림 ◇ 삼삼히 ◇ 상하다 ◇ 샌들 ◇ 생맥주
선글라스 ◇ 선퇴 ◇ 소름 ◇ 소멸 ◇ 소분하다 ◇ 소설
손수건 ◇ 손차양 ◇ 쇄골 ◇ 수돗가 ◇ 수박
수박향 은어 ◇ 스쿠터 ◇ 슬리퍼 ◇ 시클라멘
시폰케이크 ◇ 식탁보 ◇ 실바람

산돌림

 날씨는 기분 조종사다. 날씨가 조종하는 방향대로 따라오지 못하는 기분들도 있지만. 비가 오면 당신은 무얼 하는가. 괜히 울적해져서 방 안에 슬픈 노래를 크게 틀어놓고 두 무릎을 감싸거나. 흐리고 축축한 날씨를 마주하고 싶지 않아서 암막 커튼을 휙 치고 이불 속으로 들어가거나. 생기가 도는 얼굴로 차를 한 잔 끓이고 창문을 열고 팔을 뻗어 피부에 닿는 물방울의 감촉을 느끼거나. 실제로 햇빛은 의학적인 근거로 기분을 좋게 만들기도 하니까 영향은 있겠지만, 그렇다고 해서 모든 기분이 날씨의 노예인 것은 아니다. 날씨는 날씨일 뿐이고 중요한 것은 자신이 현재 어떤 상황과 관계에 놓여 있는지에 대한 상태와 그것에 관해 어떤 생각을 하고 있는지에 대한 사유 과정이다. 어느 날에는 이런 말을 해주는 사람도 있었다. "그런데 정말 겨울에 하는 이별이 가장 슬프던가요? 사실 이별이 가장 두드러지게 슬픈 계절은 여름이 아닐까요? 우리는 보통 여름을 만물이 태어나고 생명력이 넘치는 계절이라고 생각하지요. 그런데 바로 그 넘치는 생명력 때문에 여름에 하는 이별이 가장 슬프기도 한 것 같아요. 왜냐하면 주변이 너무 밝으니까요. 온갖 생명과 사랑이 들끓고 있으니까요." 질문을 바꿔야겠다. 당신은 여름이 오면 대체로 어떤 기분이 드나요? 그 기분에 따라 여름에 주로 하는 일들은 무엇인가요? 비가 오니까 카페에 가도 좋겠다. 마음 놓고 읽고 싶었던 책 한 권을 들고서. 좋아하는 문장을 만나면 연필로 거침없이 밑줄을 긋고. 그러다가 창 너머를 바라보면 빗줄기가 희미해진다. 실은 비도 자기 기분에 따라 다른 곳으로 움직이는 중이다. 아니다. 저 빗줄기들은 방금 내가 친 밑줄들. 바람이 내가 수집한 문장들에게 더 넓은 세상을 보여주고 있는 것이다. ‡낙서‡

뜻

¹ [명사] 산기슭으로 내리는 소나기.

² [명사] 여기저기 옮겨 다니면서 한 줄기씩 내리는 소나기.

삼삼히

어떤 천변을 걸었다. 풀밭이 많고 풀밭 한가운데엔 버드나무가 있던 천변. 사람이 걸을 수 있는 흙길 양옆으론 나비가 날아다녔다. 하양부터 처음 보는 묘한 색의 나비까지. 그와 함께 조용한 천변을 걸었다. 천 위로 늦은 오후의 얼굴이 드러났다. 우물지던 큼지막한 나무들은 천의 양옆을 따라 삼삼히 모여 있다. 둥글리기 한 빵 반죽처럼 한데 모인 구름의 모양은 곧 몇 번 패인 모습으로 흩어졌다. 사방은 곧 암흑이 되었다. 길을 잃었다. 반대편에선 걸어오는 이 하나 없었다. 어둠은 주변의 돌과 나무, 흙과 풀을 검게 재웠다. 나마저 그의 품 안에 재워지려 할 때 나는 힘차게 달렸다. 커다란 빌딩 하나를 보며, 그 안에서 사금처럼 빛나는 하나의 빛을 보며. 어둠이 무섭단 걸 그때 처음 느꼈다. 쉬지 않고 10분간 계속 뛰었다. 빌딩에 도착했다. 파주역이었다. 역 안에는 나뿐이었다. 나는 흐르는 땀을 닦으며 지하철을 기다렸다. ‡능소화‡

뜻

[부사] 나무가 빽빽이 우거져 무성하게.

상하다

음식이 쉽게 다치는 계절이다. 고온 다습한 여름철에는 조금만 음식을 잘못 두어도 몇 시간이 채 지나지 않아 못 먹게 된다. 부엌에 방치되어 그대로 쉬어버린 김밥. 곰팡이 낀 요거트. 숨이 푹 죽어버린 채소. 어디 음식만 그런가. 강렬한 햇빛에 노출되어서 이마가 시뻘게진다거나. 밖에 내놓고 까먹었다가 어느 날 마주친 자전거가 빗물에 다 녹슬었다거나. 어찌 됐든 사람도 사물도 상처 입을 운명이다. 그리고 여름은 너무 밝아서 상처가 너무 잘 보인다. 상처는 여름의 속내를 가만히 들여다보는 만화경이다. 아픔이 대칭을 이루며 다채로운 형상을 가진다. 온통 상한 것들뿐이다. ‡낙서‡

뜻

1 [동사] 물건이 깨어지거나 헐다.
2 [동사] 음식이 변하거나 썩어서 먹을 수 없게 되다.
3 [동사] 몸이 여위어 축이 나다.
4 [동사] 몸을 다쳐 상처를 입다.

샌들

나는 어릴 때부터 샌들 신는 것을 무척이나 싫어했다. 못생긴 발가락을 누군가에게 보여준다고 생각하면 차라리 무더운 여름에도 털신을 신는 편이 더 나았다. 어른이 되어보니 발가락을 보여주지 않고도 시원한 샌들은 얼마든지 있었다. 그리고 더 놀라운 건 정말 아무도 내 발가락 따위에는 관심을 가지지 않는다는 것이었다. 숨기고 싶어 발가락을 웅크리거나, 애써 샌들 신기를 망설이지 않아도 되었다. 바다에 갈 때면 샌들을 신는다. 무심코 발만 담가보고 싶은 충동을 충분히 타협하게 만드는 현명한 도구 중 하나니까. 그런 점에서 백사장에서 몇 걸음 나아가는 일이지만, 샌들은 그 순간을 보트처럼, 바다로 가는 운송 수단이 되어준다. 샌들은 너무나도 아름답게 설계된 여름의 물건이다. 젖는 일도, 마르는 일도 한순간으로 만드니까. ‡넝쿨‡

뜻

[명사] 나무, 가죽, 비닐 따위로 바닥을 만들고 이를 가느다란 끈으로 발등에 매어 신게 만든 신발.

Pl. 2.

생맥주

맥이 탁 풀리는 날— 그야말로 맥주만 한 게 없다. 살아 있는 것을 입안에 털어 넣으면 혀끝으로부터 차고 아찔한 생동감이 곳곳에 퍼진다. 여름의 낮은 길고, 잘 풀리지 않는 일에 대한 고민이 그 빛처럼 계속될 때는 한밤중 집에 돌아와서도 바깥의 열이 내부를 빠져나가지 못한다. 마음과 몸이 모두 더위를 먹어 쉽사리 잠에 들지 못한다. 불가피하게 없는 약속을 만들어서라도 밖에 나간다. 투명한 유리 속 오백 한 잔. 나와 친구는 첫 모금에 크- 말고는 아무 말도 뱉어낼 수가 없다. 그제야 비로소 열대야와 싸울 힘이 난다. 달콤함 따위는 없는, 약간은 쓴 그 한 모금에 나는 살아 있음을 체감한다. 약간의 쓴맛은, 행복의 부피를 재기 위한 작은 불행 같은 것. 겨울이라고 해도 내가 생맥주를 찾고 사랑한다는 사실은 변함없을 테지만 여름에는 생맥주가 나를 살게 한다는 것을 더없이 실감하고는 한다. ‡구현우‡

뜻

[명사] 살균하기 위해서 열처리를 하지 아니한, 양조한 그대로의 맥주. 열처리한 맥주보다 맛은 더 신선하나 맛이 오래 유지되지는 아니한다.

선글라스

선글라스의 기원이 서양이 아니라 동양이라는 사실. 선글라스는 중국 송나라 때 판관들이 죄인을 심문할 때 자신의 표정을 숨기기 위해 만들었다고 한다. 이 당시 렌즈는 뿌연 연수정을 사용했기 때문에 단지 눈부심만을 막는 용도로만 사용되었다. 지금으로 따지면 판사나 변호사가 법정에서 선글라스를 쓰고 나온 격 아닌가. 선글라스는 자외선이 제일 강렬한 여름에만 착용하는 물건이라고 생각하는 사람들이 종종 있다. 아니다. 선글라스는 사계절 용품이다. 맑은 날이든 흐린 날이든 착용하는 편이 눈 건강에 좋다. 구름이 낀 날이라고 해도 자외선이 더 많이 반사되고 산란하기 때문에 맑은 날보다 더 강한 자외선에 노출될 수도 있다. 자극이 없다고 느껴지기 때문에 간과하는 경우인데, 이는 날이 흐리다고 선크림을 바르지 않는 것과 똑같다. 날씨에 따라 렌즈 농도를 구분할 필요는 있다. 특히 눈 내린 날 스키장이나 산에 간다면 쌓인 눈이 강렬한 자외선을 반사시키기 때문에 필수적으로 착용해야 한다. 위 설명은 선글라스 애호가이자

친구들에게 똥폼 잡냐며 놀림받는 친구3이자 날씨가 이렇게 꾸질꾸질한데 무슨 선글라스냐며 종종 타박도 받는 한 영혼의 슬픈 눈매와 이어진다. ‡낙서‡

뜻
[명사] 강렬한 햇빛 따위로부터 눈을 보호하기 위하여 쓰는, 색깔 있는 안경.

선퇴

오래전부터 한방에서 매미의 허물은 약재로 쓰였다. 동의보감에 따르면 선각 매미의 허물이 경련이나 경직 증상을 개선하는 효능이 있다고 한다. 또한 파킨슨병 치료에도 도움을 주며 최근 연구에 따르면 아토피 피부염 치료에도 효과가 있다고 전해졌다. 허물이 미래 먹거리다. 허물만 남기고 떠난 존재가 여름의 미래다. 긴긴 시간을 땅속에서 견디다 지상으로 나와 여름 내내 울다가 허물만 남기고 떠나는 존재. 여름을 찢는 매미의 울음소리가 멎어도 환청처럼 귓속에 남는다. 여름 끝자락이면 길바닥에서 종종 허물이나 죽은 매미를 밟는다. 발치에서 과자 부스러기처럼 부서진다. 여름의 윤곽이 한 존재의 죽음으로 탈피되고 요약된다. 여름이 오고 감을 알리기 위해 울고 죽는 존재가 또 있을까. 언제까지 존재는 이 슬픔을 반복해야 할까. ‡낙서‡

뜻

[명사] 매미가 탈바꿈할 때 벗은 허물. 성질이 차서 두드러기, 경풍驚風 따위에 쓴다.

소름

반소매 티셔츠 아래로 뻗은 팔뚝에 오소소 돋은 그것을 나는 좀 좋아했어. 내 손바닥은 뜨겁기만 해서 차갑게 식은 너의 팔뚝을 주물럭거리면 튀어나오는 그 반응. 나도 덩달아 서늘해지는 기분이 들었거든. 너의 여름과 나의 여름이 섞여가는 시간에 우리는 곤두서는 솜털과 돋아나는 좁쌀들을 지켜보았지. 지금 우리 곁에는 귀신이 머물러 있는 거야. 우리가 귀신 이야기를 하는 동안에 나 불렀니? 하고 몰려온 이들이지. 그러니 어쩌면 둔한 시각보다는 예민한 촉각이 제일 먼저 반응하는 게 당연하지 않겠니. 우리는 내내 다른 존재들과 조우하는 꿈을 꾸는 것이지. 한여름에 더위를 무색하게 하려는 듯 서로의 서늘함을 오톨도톨 일어나게 깨워주는 것이지. 그럼 조금은 괜찮아지는 것 같아서. 무더위도, 짜증스러움도, 두려움도, 외로움도. ‡추장의말‡

[명사] 춥거나 무섭거나 징그러울 때 살갗이 오그라들며 겉에 좁쌀 같은 것이 도톨도톨하게 돋는 것.

소멸

소멸이라는 단어를 오랫동안 부정적인 말로 생각했다. 사라져 없어진다는 건 아무렴 슬픈 것이 아닐까 하고. 그러나 소멸이라는 단어를 희소식처럼 느끼게 된 것은 태풍이 다가올 무렵이었다. 어릴 땐 유독 태풍에게서 느끼는 공포감이 컸다. 평소 잘 보지 않던 뉴스를 주시하게 되고, 민간요법으로 창문에 가위표로 테이프를 붙여놓거나, 창틀에 젖은 수건으로 막는 방법을 택하면서 피하고 싶었던 순간들. 집이 날아갈 것처럼 거세게 때리는 바람 소리에는 잠을 이루지 못할 때도 많았다. 깜짝 놀라 서로의 이름을 불러주고 다시 잠들던 깊은 태풍의 눈 속에서의 일들이다. 태풍이 물러갔을 땐 소멸했다는 말을 쓰곤 했고, 그 말에 안심했기 때문에 소멸이라는 말의 안쪽에는 좋은 기억도 남겨져 있다. 점점 작아져 없어져버리는 소멸의 소실점에는 아무런 일도 없었다는 듯이 평온한 햇빛, 매미 울음소리, 뙤약볕이 내리쬐는 도로의 풍경이 그려져 있다. 태풍이 소멸되고 나서도 소멸되지 않는 것은, 언젠가 붙여둔 가위표 모양의 테이프.‡넝쿨‡

뜻
[명사] 사라져 없어짐.

소분하다

수박 한 통을 산다. 수박 무게 때문에 끈이 손가락을 조여와 피가 안 통할지라도. 수박 한 통이 든든하게 느껴지는 건 여름이 주는 환상 중 하나다. 집에 돌아와서는 소분한다. 가지런히 잘라둔 수박을 언제든 꺼내어 먹을 수 있도록. 여름의 출발선에 나를 준비시키기. 조금씩 여러 곳에 나누면서 당장 건너야 할 여름날들을 생각한다. 가까운 미래에 가 있을 나에게 대접하는 마음으로 수박 깍둑썰기를 시도한다. 도마 밑으로 튕겨져 추락 위기에 수박 한 조각을 입에 쏙 넣고 콧노래를 부르며 칼질을 멈추지 않는 여름 부엌. 어쩐지 수박은 먹는 부분보다 버리는 부분이 더 많은 것만 같아 머쓱하다. 잘 씻은 반찬통(이왕이면 신선해 보이는 유리 재질이 좋다)에 수박을 가지런히 담고, 냉장고에 차곡차곡 쌓아 넣어두면 든든한 마음이 된다. 적게 나누면서 많아지는 기쁨이라니. 여름의 지혜. 무엇이든 소분하게 되면 꼭 작은 몫이라도 누군가에게 나눠주는 상상을 하게 된다. 나눈다는 말의 환한 그림자.
‡닝쿨‡

뜻
[동사] 작게 나누다.

소설

사람은 자신이 태어난 계절에 사랑에 빠질 확률이 높다는 이야기를 들은 적이 있다. 그렇다면 같은 계절에 태어난 사람들은 서로 사랑하게 될 확률이 높은 것이겠지. 여름에 태어난 여름 아이가 또 다른 여름 아이를 만나 싱그러운 사랑에 빠지게 되는 이야기. 소설 속에서나 있을 법한 이야기. 나는 여름에 사랑하기보다 연애소설을 많이 읽었다. 소설에 푹 빠져 있던 어린 시절 책을 많이 읽는다는 칭찬을 들을 때면 속으로 몰래 부끄러웠다. 내가 하는 독서가 과연 어른들이 바라는 공부의 영역일까 하는 의문이었다. 하지만 시인 유하는 그의 시 「연애편지」에서 "공부는 중국식으로 발음하면 쿵푸입니다. 단순한 지식을 배우는 게 아니라 이연걸이가 심신 합일의 경지에서 무공에 정진하듯 몸과 마음을 함께 연마한다는 뜻이겠지요"라고 말했는걸. 이토록 몰입하는 독서가 공부가 아니라면 무엇이겠는가.

긴 여름날만큼이나 읽고 싶은 소설도 필독해야 한다

는 권장 소설 리스트도 길고 길었다. 그 시절 읽었던 『젊은 베르테르의 슬픔』, 『오만과 편견』, 『폭풍의 언덕』과 같은 소설로 사랑을 알았다. 순수하고도 악마적인 소설 속 사랑의 본성은 여름과 닮았다. 한차례 격정이 지나고 난 뒤의 풍경마저도. ‡유실‡

[명사] 작가의 상상력을 바탕으로 사실 또는 허구의 이야기를 쓴 산문체의 문학 양식.

손수건

땡볕 아래를 오래 걸어야 할 날이 있었다. 양산 아래 있어도 얼굴에 태양이 달라붙는 것 같은 불볕더위였다. 너는 손수건을 꺼내서 생수를 부어 적시더니 익숙한 솜씨로 길게 돌돌 말아 내 목에 감아주었다. 어쩐지 더 더워진 것 같고 축축한 감촉이 싫기도 했지만 너의 호의를 거절할 수 없어 참았다. 얼마간 걷다 보니 더위가 좀 가시는 것 같았다. 목덜미가 다 젖도록 물기를 머금고 있던 손수건도 어느새 말라 있었다. 그날의 호사가 특별한 기억으로 남아 여름이면 손수건을 더욱 챙기는 사람이 되었다. 얇고 자그마한 수건 하나로 여름에 맞서는 지혜를 배워서 나도 어린 사람에게 베풀 수 있게 되었다. ‡유실‡

뜻
[명사] 한 손에 쥐어질 만큼 얇고 자그마한 수건.

손차양

한 사람이 손 하나 한 뼘의 그늘을 만들어 다른 누군가의 찡그림 위에 올려둔다면. 나는 그것이 사랑이나 우정이라고 부를 수 있을 정도의 아름다운 포개짐이라고 생각한다. 홀로 무덥고 햇빛이 난무하는 길을 걷더라도, 손차양 하나로 뜨거움에 지지 않고 나아가려는 용기까지도 생각해보게 된다. 손차양이 타인을 떠올리게 하는 이유는, 나의 신체로 다른 신체를 돕는다는 이타적인 행동 때문이다. ‡넝쿨‡

뜻
[명사] 햇볕을 가리기 위하여 이마에 손을 댐. 또는 그때의 손 모양.

쇄골

여름에 옷차림이 가벼워지면 가장 쉽게 노출된다. 어깨를 구성하고 팔을 몸통에 고정시키는 역할을 한다. 다른 말로는 빗장뼈, 영어로는 'clavicle'이라고도 부른다. 빗장은 옛날 집 대문을 걸어 잠글 때 문을 닫고 가로질러 잠그는 긴 막대기를 말한다. 'clavicle'은 '작은 열쇠'를 의미하는 라틴어 'clavicula'에서 유래되었다. 팔을 뻗을 때 쇄골이 열쇠 돌아가듯 움직이기 때문이라고 한다. 몸에서 빠져나가면 안 되는 무엇이 있어서일까. 몸 안에 담긴 소중한 것을 지키기 위해, 몸을 아예 닫아버리는 걸까. 안전한 봉쇄는 몸이 여러 갈래로 이어지고 연결되었다는 감각을 느끼도록 한다. 하지만 완전히 연결되었다는 감각이 거대해질수록 무언가 산산이 부서지고 있다는 감각 또한 커다래진다. 흰빛들이 반짝이는 산책. 모처럼 청명한 날씨에 분주한 사람들. 모두 저마다 지닌 속사정을 몸에 가둔 채 슬픔을 위장한다. 매끄럽고 단단한 악수로. 손을 맞잡으면서 손안에 담

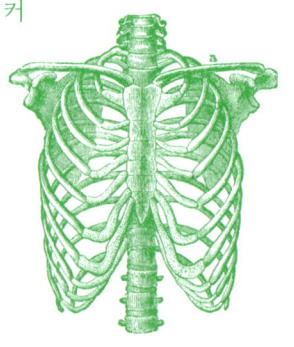

긴 무언가를 잠시 감출 수 있듯이. 그리고 잡은 손 사이로 모래알처럼 흘러내리는 고요를 바라보듯이.‡낙서‡

뜻
1. [명사] 뼈를 부숨.
2. [명사] 가슴 위쪽 좌우에 있는 한 쌍의 뼈. 'S' 자 모양으로 안쪽은 복장뼈에, 바깥쪽은 어깨뼈와 관절을 이룬다.

수돗가

요즘에는 보기 힘들어진 수돗가 풍경에도 언제나 여름이 있었다. 학교 운동장의 수돗가. 수도꼭지를 손으로 막아 물을 이리저리 튀게 만들어 젖지 않을 수 없었던 그런 시간들. 운동장에서 체육 시간을 보낸 뒤 구레나룻으로 흐르는 땀방울을 닦으며 허겁지겁 수돗물을 마셨던 기억. 겨울에는 아무도 찾아오지 않아 창백하고, 여름에는 언제나 물기가 있어 생동감이 넘쳐흐르던 곳. 오랜 집 마당에 있던 수돗가에는 언제나 고무 대야가 있었고, 담아 놓은 물에 등목을 하거나 한 바가지 퍼서 마당에 핀 꽃들에 물을 주기도 했었다. 갈라진 빨랫비누나 오이비누가 담긴 플라스틱 비누 받침대, 파란색 호스, 여름이면 북적이던 곳도 겨울만 되면 생략된 풍경처럼 잘 보이지 않았다. ‡넝쿨‡

뜻

[명사] 수돗물이 나오는 곳이나 그 근처.

수박

수박의 옛말은 '슈박'이다. 16세기 문헌에 슈박이 최초 등장한 뒤 19세기부터 슈박은 '수박'이 되었다. 이 사실을 처음 알았을 때 나는 반가움에 크게 한 번 손뼉을 쳤다. 잃어버린 땅문서라도 손에 쥔 기분이었다.

나에게 수박은 오래전부터 슈박이었다. 수박이라는 이름으로는 여름 과일의 제왕, 슈박의 매력을 표현하는 데 한계가 있다. 맛있는 것을 말할 때 인간은 본능적으로 귀여운 쪽에 가까워진다. '수박쥬스' 보다는 '슈박쥬스'가 더 이치에 맞다. 트럭으로 수박을 파는 수박 장사의 스피커조차 "슈박이 왔어요" 하고 알려주지 않는가.

우리 집 아이도 두 살 무렵부터 가장 좋아하는 여름 과일 수박을 아주 정확하게 "슈박"이라고 발음했다. '수퍼마켓' 아니고 '슈퍼마켓'인 것처럼 수박도 슈박으로 돌아가면 어떤가. (그렇다. 억지다.)

덧붙여 수박을 싫어하는 이들이 너무 자주 "난 수박 싫어해"라고 말하는 경향에 대해 이 자리를 빌려 자제해 줄 것을 부탁하고 싶다. 그것을 좋아하는 이 앞에서 굳이 힘주어 싫어한다고 말하는 것은 반칙이다. 당신이 이 좋은 것을 함께 먹지 않아 아쉬울 뿐, 당신 몫의 수박까지 내가 먹을 수 있으니 나는 좋다. ‡유실‡

뜻
[명사] 과일. 박과의 한해살이 덩굴풀의 열매.

수박향 은어

수박향이 나는 은어에 관한 시를 쓴 적이 있다. 물고기와 수박향이라니 언뜻 어울리지 않는 조합이라는 생각이 들었지만 떠올릴수록 근사했다. 투명한 물속의 돌이나 바위 표면의 식물들을 먹고 사는 은어. 시적 상상력은 여기서 확장된다. 한낮의 여름, 은어와 수박향, 화석처럼 박힌 문장, 한 사람의 깊은 눈동자, 수심, 알뜰하게 모은 우울까지. 어쩌면 여기에는 여름을 기다리는 이름들이 한가득일 것이다. 은어 역시 5월부터 7월까지 제철이라고 한다. 투명한 은어를 떠올릴 때. 코끝을 스치는 수박향에서 여름이 오고 있음을 예감하게 되는 우리일까.

‡이은규‡

[신조어, 명사] 수박향이 나는 바다빙엇과의 민물고기.

스쿠터

오토바이보다는 작고 자전거보다는 크다. 엔진은 소박하고, 소리는 허밍. 제주에서 타면 좋다. 스쿠터[명사]는 제주에서의스쿠터[명사]가 된다. 한 단어는 간격을 두지 않으니까. 가벼운 산책을 닮은 속도. 산들거림. 내년 여름에도 너와 함께 왔으면 좋겠어. 제주에서의스쿠터[명사]는 제주에서의스쿠터너와[명사]가 된다. 우리는 작은 탈것 위에서 한 단어처럼 붙어 있다. 나도 그랬으면 좋겠어. 너무 바라는 미래는 과거로 말해진다. 라신동 협재 모슬포 공천포 성산. 다시 바라는 미래는 거꾸로 불러진다. 산성포 천공포 슬모 재협동 신라. 그때 보았어? 난 스쿠터를 몰고 너는 뒤에서 노래 불렀어. 내가 알려준 눈이 부시게 아름다운 바닷가 하늘은 우릴 향해 열려 있어 하는 노래들. 오른쪽으로 제주도의 남서바다가 끝없고, 비행기는 우리와 같은 방향으로 수평선을 따라 날고 있었어. 스쿠터는 정오에 달과 미래가 바다로 걸어 내려가는 걸 보게 한다. 스쿠터처럼 가볍게 갈까? 작은 자유를 품은 탈것. 그리움은 작은 진동. 작은 엔진으로부터. ‡이날‡

[명사] 발판 위에 두 발을 올려놓고 앉아 타는 이륜차.

슬리퍼

슬리퍼를 신으면 동네 사람이 된다. 슬리퍼를 신고 집 앞 편의점에 간다. 무더운 공기 속을 느릿느릿 되는대로 걷는다. 여름 한낮 슬리퍼는 한가한 신발이니까. 막힘없이 뚫려 있으니까. 편의점 파라솔에 앉아 아이스크림을 먹으며 먼 산을 바라본다. 먼 산을 바라보다가 구름을 바라보다가 거리의 행인들을 바라보다가 달리는 자동차들을 바라보다가. 슬리퍼를 신고 있는 동안 시간을 느낄 수 있다. 아득한 기분으로 소멸에 대해 생각할 수 있다. 이 '아득한 기분'이란 전생의 기억 비슷한 것이다. 전생의 내용은 알 수 없는 채로 전생의 존재만이 가까이 느껴지는 순간. 아득한 전생으로부터 출발한 나는 지금 잠시 편의점 파라솔에 앉아 아이스크림을 먹고 있는 것이다. 두 발은 슬리퍼를 걸치고서 잠시 맨살을 드러내고 있다. 발이 고생이 많다. ‡신수형‡

뜻

[명사] 발끝만 꿰게 되어 있고 뒤축은 없는 신발.

시클라멘

편의점에서 신상 크림빵을 발견하곤 잽싸게 집어 계산한 후 버스정류장으로 향하던 길이었다. 정류장 오른편에 작은 화분 가게가 있었다. 화분마다 이름이 적힌 작은 푯말이 꽂혀 있었지만, 휘갈긴 글씨 때문에 몸을 낮추고 보아도 제대로 읽긴 어려웠다. 대부분 내가 알지 못하는 꽃들. 작은 화분에 동그랗고 구슬 같은 꽃잎들이 단란하게 모이니 책을 삐져나온 무지갯빛 인덱스 같아 보였다. 더 자세히, 더 멀리 시선을 두어 바라보다가 익숙한 모양의 꽃을 발견. 시클라멘이었다. 이 꽃의 이름을 알려준 사람을 나는 모른다. 정말 모르는 사람이다. 어느 날 블로그에 이 꽃이 마음에 들어 사진을 찍어 올리곤 꽃 이름

이 궁금하단 식의 일상을 가볍게 적었는데, 한 이웃이 내게 이 꽃의 이름은 시클라멘이라고 알려주었다. 까눌레 같은 꽃잎. 하양과 자주, 분홍과 빨강의 그라데이션을 꼭 쥐고 있다. 가장자리에 얇은 테두리가 생기는 것이 참 아름답다. 노트 모서리에 흘린 음료 자국처럼 한데 모여 피려 하는 모습이. 좀처럼 벌어지지 않는 하트 모양의 독특한 화형 덕에 그 꽃을 더 사랑하게 됐다. ‡능소화‡

뜻

[명사] 식물. 앵초과의 여러해살이풀. 달걀 모양 또는 심장 모양의 잎을 가졌다.

시폰케이크

시폰케이크를 좋아하지 않는 내가 누군가에게서 시폰케이크가 좋다, 라는 얘길 들으면 꼭 그 사람이 좋아진다. 시폰케이크를 왜 좋아하는지 궁금하고 많고 많은 케이크 중에 시폰케이크라는 그 단호함과 확실성이 멋지기 때문이다. 얼마 전엔 또 시폰케이크를 유독 좋아하는 지인을 만났다. 처음 만나는 자리에서부터 나는 그와 아주 맛있는 시폰케이크를 먹어야겠다고 생각했다. 온통 그 생각뿐이었다. 서울에 있는 유명한 시폰케이크 맛집을 검색하고 알아본 후 한 유명 체인점의 제과점에 방문해 그와 함께 얼그레이 시폰케이크를 먹었다. 물론 나는 손도 대지 않았고, 먹는 그의 모습에 자꾸 물음만 던지고 싶어졌다. 어때요. 맛있죠? 더 드세요. 다 드세요. 내 마음대로 앞서고 상상하는 일. 그런 디저트는 앞으로도 혼자서 먹을 일은 없을 것이다. ‡능소화‡

뜻

[명사] 스펀지케이크의 일종으로 비단 같이 촉촉하고 가벼운 식감의 케이크.

식탁보

느린 단어들이 오렌지색 식탁보에 풀어져 있다. 내 왼편으로는 창문이 있고 나는 정사각형 테이블에 앉았다. 시곗바늘은 오후 8시 10분을 가리키고 식탁보 위 쟁반엔 마들렌 두 개와 따뜻한 바닐라라테가 있다. 찬 기운이 남아 있는 손으로 머그잔을 감싸니 금세 겨울이 녹았다. 마들렌의 배꼽을 괜히 한 번 더 만져본다. 머그잔엔 커피가 담겨 있다. 호수처럼 반듯하고 고요하며 밤처럼 어둡고 깊은…… 커피는 조금씩 식어갔다. 노트를 펼치고 천천히 글을 썼다. 잔 위의 라테 아트가 서서히 사라질 때쯤 커피가 지나간 자리가 조금씩 더 선명해졌다. 자리를 가만히 바라본다. 무늬와 자리를, 모양과 형용사를. 마들렌 반죽 굽는 향이 카페 전체에 퍼진다. 그런 구움과자들을 숨겨 굽는 건 불가능하지. 자연스레 알게 되는 마음과 이야기. 곧 바람이 마들렌 향을 데려갔고 커피가 지나간 자리만 문신처럼 남았다. 모두 식탁보에서의 일들. ‡능소화‡

🌱
[명사] 식탁에 까는 널따란 보자기 또는 천.

실바람

바람의 풍속을 10분간 측정했을 때 평균 풍속이 초당 최소 30cm에서 최대 150cm에 이르는 것을 실바람이라 부른다. 가늘고 느리게 부는 바람. 휘파람보다 여리고 잠든 아기 숨결보다는 조금 센 바람일까? 방 한가운데 촛불을 두고 그것이 다 탄 뒤 피어오르는 하얀 연기의 모습을 관찰하는 것으로 실바람이 불어오는 방향과 속도를 가늠할 수 있겠다. 약한 바람이지만 이 계절에는 이마저도 반가운 바람이 아닌가. 아직 닿지 않은 바람. 오고 있다고 믿고 싶은 바람. 그러다 가끔은 유령의 기척처럼 오소소 감각을 깨우며 등 뒤에서 오는 바람. ☆유실☆

뜻
[명사] 풍력 계급 1의 바람. 불어오는 방향도 가는 방향도 알아채기 힘든 바람.

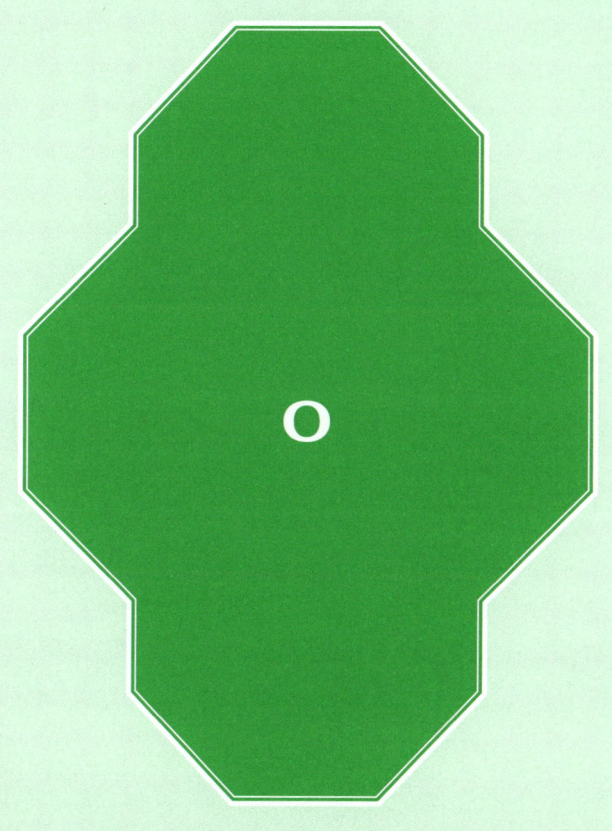

아버지 ◇ 아이스 카페라테 ◇ 안경 ◇ 안티푸라민
앵 ◇ 야행성 ◇ 언덕 ◇ 얼음 ◇ 얼음물 ◇ 에코백
여름사랑단 ◇ 여름이불 ◇ 여름잠 ◇ 여을 ◇ 열대야
오이냉국 ◇ 옥상 ◇ 옥시시 ◇ 외갓집 ◇ 이슬땀
일광화상 ◇ 일요일

아버지

나보다 먼저 이 세계로 건너온 소년
아무 의심 없이 시간 속을 떠다니던 소년
우리는 여름마다 백운정으로 내달렸다
선어대를 따라 굽이치던 11번 버스
같은 방향으로 마음이 덜컹거릴 때마다
어깨를 부딪치며 키득거리던 우리
물비린내 속을 뛰어 내려가 웅덩이를 팠다
첨벙첨벙 뛰어든 소년이 퍼 올린 푸른 강물 한 줌
반짝반짝 웅덩이로 쏟아진 치어들
작고 보드라운 빛들을 쫓는 사이
소년은 강 반대편까지 떠내려가 자맥질한다
두 발을 깃발처럼 허공 속으로 흔들다 사라진다
젖은 머리를 털며 수면 위로
빛나는 얼굴이 솟구칠 때까지
여름은 처음으로 혼자였다

✢황성희✢

[명사] 자기를 낳아준 남자를 이르거나 부르는 말.

아이스 카페라테

유당불내증이 있는지는 모르겠지만 우유를 먹으면 속에서 전쟁이 일어난다. 어린 시절 매일 흰 우유를 마셨던 기억이 있는데……. 그래도 여름에는 아이스 카페라테를 먹는다. 아이스 카페라테 없이는 여름이 오지 않는다. 폭염 아래, 투명한 유리컵 안에서 흘러내리는 흰 우유의 무늬를 보고 있으면 '여름의 무늬는 희고 두껍고 몽글몽글한 빛'이라는 생각. 폭염의 두께가 바로 저런 것이라는 생각. 여름보다 겨울을 좋아하지만 푸르고 무섭게 피어나는 숲의 얼굴과 그것을 식혀주는 유리컵 안의 얼음과 흰 우유의 무늬가 여름을 견디게 한다. 여름 안으로 걸어 들어가게 한다. ‡이영주‡

뜻
[명사] 에스프레소에 얼음과 우유를 넣은 커피.

안경

여름이 와야 할 수 있는 일들을 잠시 떠올려보았습니다. 서랍에 보관 중인 여름 안경을 쓸 수 있겠네요! 7월에 맞춘 안경은 흰빛이 나는 투명한 뿔테인데요, 좋아하는 옷을 입고서 안경을 끼는 것만으로 시원한 기분이 들었답니다. 귀찮아서 안경 가게 가는 일을 미루다 보니, "이렇게 오랜만에 오시다니 어디 해외에 거주하다 오셨나요?"라는 말을 들었던 게 생각나네요.

'안경'과 '여름'을 곁에 놓으니까, 물안경을 끼고 바라보는 물속 풍경도 눈앞에 그려집니다. 야외 수영장 바닥 타일에 떠다니는 빛의 고리와 꿀렁이는 물소리. 선베드에 누워 있는 친구는 새 소리를 들으면서 '선글라스'를 쓰고 있으면 좋겠군요. 해와 안경이라는 단어가 같이 있습니다. ‡김은지‡

뜻
[명사] 시력이 나쁜 눈을 잘 보이게 하기 위하여나 바람, 먼지, 강한 햇빛 따위를 막기 위하여 눈에 쓰는 물건.

안티푸라민

특별한 장소나 장면은 아니지만, 어렴풋하게 남아 어디에든 있을 것만 같은 그런 기억들도 있다. 꿉꿉한 바닥에 쭈그리고 앉아 모기 물린 곳에 연고를 바를 때, 파란 선풍기 날개와 창밖에 벌레 우는 소리, 잠들기 아쉬워 불을 끄는 일을 최대한 미루었던 어느 유약하고 여린 밤에는 항상 안티푸라민 냄새가 있다. 시원하면서도 알싸한 냄새. 그 냄새를 우연히 맡으면 꼭 그런 여름밤의 기억으로 돌아간다. ‡넝쿨‡

[명사] 유한양행이 제조 판매하는 소염진통제. 멘톨, 장뇌(캄파)와 소염진통제인 살리실산이 함유.

앵

어디선가 앵, 하는 소리가 들린다. 아기가 있는 집이라면 한밤에 들리는 이 소리는 그 어떤 경보음보다 강력하다. 부모는 일사불란하게 각자 전투태세에 돌입할 것이다. 손에 저마다 도구 하나씩 들고 사방을 두리번거리며 모기를 찾느라 눈을 희번덕거리는 것이다. 앵, 하는 소리를 들었으니 그 실체는 반드시 보이겠지, 하는 믿음으로. 자던 아기가 앵, 하고 울며 깬다. 살피면 그 사이 모기란 놈이 물고 갔다. 물어도 하필 미간을 물었다. 콧잔등을 물었다. 입술을 물었다. 앵! ‡유실‡

뜻
[부사] 모기나 벌 따위가 빨리 날아갈 때 나는 소리.

야행성

야행성을 지닌 사람이 된다. 적극적으로, 드러내면서 웃어넘기는 소리, 달리는 소리, 우산 펼치고 터는 소리, 도어록 비밀번호 누르는 소리, 사랑한다 말하는 소리, 걷는 소리, 세탁물 돌아가는 소리, 문 열고 닫는 소리, 음악 소리. 소리 이전의 빛과 촉각도 더욱 거세진다. 온갖 야행성인 기분으로 지내는 여름. 맥주를 끼얹고 골목의 전봇대 개수를 세며 다니는 하루하루. 한밤중의 일들, 새벽의 일들, 잠들지 못하는 시간들. 자발적 야행성이 되었던 시간들이 야경처럼 지나간다. 불면증과 취기에게로까지. 그래도 이 계절에는 많은 소리가 있어서 덜 외롭다. 새벽 세 시에 깨었을 때 책 한 권을 읽었고 그 책 사진을 누군가에게 전송했을 때 답장이 바로 오는 계절. ‡능소화‡

뜻

[명사] 낮보다는 주로 밤에 활동하는 성질.

언덕

집 앞에 작은 언덕이 있었어요. 친구는 그 언덕에 올라가 앉아 등교를 기다리는 시간을 좋아했어요. 바로 옆에 벚나무가 있어서 사계절을 함께 보내면 서로 어떻게 변하는지 알 수 있었죠. 책가방에 짓눌리면서 무거운 몸을 이끌고 나오면 늘 그 친구가 언덕 위에 올라앉아 기다려주었죠. 그러면 같이 책가방을 집어 던지고 언덕에 올라가 보는 겁니다. 가파른 경사 탓에 한 번에 올라가기가 꽤 어려웠습니다. 몇 번 발이 미끄러지는 것을 반복하다 보면 어느 순간 언덕에 착 달라붙는 순간이 오게 되는데, 그때 속도를 내어 하늘을 향해 힘차게 달리면 순식간에 언덕 끝에 도달할 수 있었습니다. 뻗은 팔이 한 뼘 차이로 평지를 짚지 못할 때, 먼저 올라가 있는 친구가 손목을 잡아주고 위로 끌어주는 겁니다. 아주 환한 봄날의 아침이었고 벚꽃 잎이 하나둘 떨어지기 시작하는 여름의 초입이었어요. 학교는 언제쯤 가지? 속으로는 걱정했지만 언덕 위에서 바라보는 세상이 평소보다 더 넓게 보여서 아래로 내려갈 생각이 들지 않았어요. 지각하겠다. 지각하면 되지 뭐. 오랫동안 우리는 언덕을 비탈로 받아들여 한없이 구르고 또 구르는 메아리들이었는데. 친구와 함께 여름의 어부바에 기대 봄이 흐르는 것을 하염없이

바라보던 날이었어요. ⁺낙서⁺

뜻

1. [명사] 땅이 비탈지고 조금 높은 곳.

2. [명사] 보살펴 주고 이끌어 주는 미더운 대상을 비유적으로 이르는 말.

얼음

여름 어시장 난전에 꼭 필요한 물질이 얼음이다. 영상 33도를 넘어가는 땡볕의 날씨에 난전에 앉아 갈치, 고등어 등을 파는 생선장수 할머니들은 얼음에 기대어 장사를 한다. 얼음, 얼음! 하며 얼음을 리어카에 싣고 돌아다니는 얼음 장수는 한여름이 대목이다. 난전에도 냉동고가 가까이 있는 생선장수와는 달리 여전히 잘 드는 칼 하나와 도마로 장사하는 할머니들은 사각으로 잘린 가로세로 각 1미터짜리 얼음을 조금이라도 늦게 녹도록 조치를 취해야 한다. 누가 시작했는지 모르지만, 얼음 위에 모포나 두꺼운 천막, 시트 같은 걸 덮어둔다. 단골 할머니 앞에 몇 사람들이 줄을 선다. 한낮이면 도박으로 어머니에게 붙어사는 중년 아들이 할머니 난전에 와서 슬그머니 모포로 갓 배달된 얼음을 덮어준다. 아들이 하는 유일한 일이다. 그런데 이때 땡볕에 모포를 덮어쓴 얼음은 녹는 물질일까, 땀을 흘리는 물질일까. ‡성윤석‡

뜻

[명사] 물이 얼어서 굳어진 물질.

얼음물

급식실밖에 물 마실 곳이 없던 90년대 중반 초등학교 여름 풍경에는 언제나 얼음물이 있었다. 집에서 얼려 온 물을 책상에 올려놓고, 마실 수 있을 정도로 서서히 녹아가기를 기다리던 풍경. 끈기 있게 배워야 했던 기다림은 거기에서 시작되었을지 모르겠다. 아이들은 각각 자신만의 생수병이나 음료수병을 재활용하여 물을 얼려왔다. (입구가 특이한 네버스탑 음료의 재활용이 큰 인기였다) 물이 녹으면서 샐 수도 있어 비닐봉지에 꼭꼭 숨겨 담아 오기도 하고, 성미가 급한 아이들은 사물함이나 책상에 그것을 열심히 내리쳐서 얼음을 부숴 먹기도 했다. 온종일 녹지 않아 애지중지 물병을 끌어안던 여름 교실에서 나는 언제나 보리차를 얼려 오는 사람이었다. 그러나 잘 녹지 않아서 겨우 녹은 몇 방울의 물로 목을 축이면서 기다림이라는 것을 배웠다. 물이 새서 가방이 흠뻑 젖은 채로 교과서를 창가에서 말리던 친구들, 물을 동냥해 시원한 한 모금을 얻어먹고 해사하게 웃던 친구들. 체육 시간이면 얼음물이 귀해져 물이 없다고 거짓말하던

친구들. 모두 어떤 웅덩이 속에 고여 있다가 증발되어 사라진 것만 같다. 얼음물이라는 풍경의 신기루.‡넝쿨‡

뜻
[명사] 물을 얼린 상태 혹은 물에 얼음을 띄운 것.

에코백

여름엔, 에코백을 자주 이용한다. 에코백과 한 몸이 된다고 해도 과언이 아니다. 여름 에코백을 위해 가을, 겨울부터 에코백 사냥에 접어든다. 그러고 보면 에코백은 내 의식과 무의식 도처에 깔린 듯하다. 약속 장소에 조금 일찍 도착했을 때, 근처 소품숍에 들러 다양한 패턴의 에코백을 구경하고 국내외를 여행할 때도 여러 디자인과 색, 사이즈의 에코백을 본다. 다른 이들의 에코백도 유심히 구경한다. 에코백 중앙이 불룩하게 나와 있으면 그 안의 내용물이 궁금해지기도 한다. 에코백은 다양한 이야기를 갖는다. 그 안에서 물건들이 뒤엉키고 아이스크림 상자처럼 어질러지는 게 좋다. ‡능소화‡

[명사] 일회용 봉투의 사용을 줄이자는 환경 보호의 일환으로 만들어진 가방.

여름사랑단

어떤 것을 좋아하게 되면 그것을 좋아하는 다른 누군가와 만나게 될 때가 있다. 서로 좋아하는 것을 미주알고주알 늘어뜨리며 좋아하던 것을 한 번 더 좋아하게 되는 이상한 반복에 빠지게 된다. 주변에는 '여름사랑단'이라고 부를 수 있는 사람들이 있다. 서로 한꺼번에 모인 적도 없이, 단지 여름을 좋아한다는 이유로 마음속에 조직된 단체이기도 하다. 특이한 점은 이들 모두 겨울이면 시름시름 앓는다. 추위에 견디지 못하고, 여름의 고유명사를 그리워하면서. 안부를 전할 때에도 여름에 관한 응원 메시지를 보내곤 한다. 비교적 더위를 잘 참고, 여름에만 볼 수 있는 생기 있는 풍경을 세세히 들여다보는 사람들. 여름의 제철 음식이나 과일을 잘 챙겨 먹고, 매일 보는 풍경 속에서도 여름을 사유하는 생각들. 이 모든 이들이 내

게는 '여름사랑단'이다. 여름을 싫어하는 사람들과 대화를 나누게 되면 꼭 '여름사랑단'을 가슴 한쪽에 떠올리게 된다. 더워 죽겠는 날들까지도 사랑하냐면 망설여지지만, 여름에는 많은 것들이 깨어나기에, 몸속에 꽁꽁 얼어 있던 마음이 녹는 기분이 든다. 심장이 해빙되는 기분을 한 번쯤이라도 느껴본다면, 여름의 활기를 본 적 있다면 누구나 '여름사랑단'이 될 수 있다. 겨울에는 다소 작아지지만.(그렇다고 여름에 커지는 것은 또 아니다. 사랑은 수줍고 조심스러우므로) ‡넝쿨‡

🟩
[신조어, 명사] 여름을 좋아하는 사실을 서로에게 알리고, 함께 여름을 기다리는 사이.

여름이불

여름에는 여름이불을 덮는다. 구름이 아름다운 게 이상하게 느껴질 정도로 혹독하게 더운 여름. 이불 없이는 잠들기 어렵다. 하나라도 덜어내야 하지 않을까, 조금이라도 덜 덥지 않을까, 살 만해지지 않을까……. 그렇다면 맨몸이 최선일 텐데도 이불을 덮는다. 너무 새하얀 색은 약간 푸른 기를 띠고 있다. 더위 속에도 추위가 있다. 아무리 더워도 배는 쉽게 차가워진다. 배를 따뜻하게 해야 한다. 여름에 어떻게 이부자리를 살펴야 하는지 가장 처음으로 알려준 사람은 엄마였다. 엄마가 준 여름이불은 약간 푸른 기가 도는 하얀색이고 한가운데 이름 모를 분홍색 난초가 놓여 있다. 너무 가벼운 이불이어서 한 번에 펼쳐지지 않는다. 손으로 하나하나 펴야 겨우 네모가 된다.

‡조해주‡

뜻

[명사] **여름에 사용하는 이불.**

여름잠

달팽이는 여름잠을 잔다. 여름의 더운 열기가 껍데기 안으로 들어오지 못하게 입구를 점액으로 꼼꼼히 봉인하고 잔다. 비가 오면 산책을 나올 법도 한데 길에는 지렁이만 잔뜩 보인다. 달팽이는 패각 속에 숨어서 여름잠을 자느라 비가 오는 줄도 모른다. 본래도 달팽이는 야행성이라서 밤에 활동하고 낮에는 주로 잠을 잔다. 한낮 더위가 버겁고 노곤해질 때면 나도 달팽이처럼 여름잠 자고 싶다. 달팽이는 겨울잠도 잔다는데. 뜨거워서, 추워서, 낮이니까, 힘드니까 잠깐 죽었다 부활하는 것인가. 이런 일로 인간이 달팽이를 부러워해도 되는 걸까. ‡유실‡

[명사] 열대 지방의 일부 동물들이 더위와 건조를 피해 운동이나 섭취 등의 활동을 끊고 취하는 휴면.

여을

주로 환절기라고 뭉뚱그려서 설명하는 시기 중 하나. 그중 이 시기는 다른 어떤 계절의 순간보다도 타고난 싱그러움이 있다. 지난한 더위가 팍 꺾이고 어느덧 선선한 바람이 목을 휘감을 때. 초록으로만 숨 쉬던 자연은 비로소 절정을 이루어 오색찬란한 빛깔을 얻는다. 어느 계절을 좋아하냐고 물으면 주로 정직한 대답이 오는 편이지만 누군가는 다음과 같이 말한다. 여름과 가을 사이. 가을과 겨울 사이. 겨울과 봄 사이. 책갈피처럼 꽂혀 있는 그 사이에서 계절이 오고 가는 모습을 그저 지켜볼 뿐이다. 어느 사이를 좋아한다는 것은 순간순간을 허투루 보내지 않는다는 것. 어제보다 구름이 더 풍성한 하늘과 맑고 고운 바람의 숨결을 언제나 느끼는 표정을 갖추고 있다는 것. 가을이 여름을 배웅하는 포옹. ‡낙서‡

뜻

[신조어, 명사] '여름과 가을 사이'를 줄여 말하는 신조어. 시기적으로 여름은 지났지만 아직 가을에 도착한 것 같지는 않은 환절기 때 주로 많이 사용한다.

열대야

불면에 시달리는 밤. 열대야는 18시부터 다음날 9시까지를 기준으로 온도가 25℃ 이상을 기록하는 밤에 붙여진 명칭이다. 일본의 한 수필가가 1966년 그의 저서를 통해 처음 열대야라는 표현을 사용하였다. 1994년을 배경으로 한 드라마에서 열대야를 피해 집 앞 골목에 돗자리를 펴고 잠을 청하는 가족의 모습이 등장한다. 기록적인 무더위가 찾아온 해였다. 그해 여름에는 16.4일이나 열대야를 기록했다. 그 기록은 2018년에 16.5일, 2024년에 20.1일로 경신되었다.

2025년 2월 기상청에서 발간한 '폭염 백서'에 의하면 우리가 기후에 대한 아무런 노력 없이 이대로 살아간다면 "금세기 말에는 한반도를 포함한 동아시아 전역에서 전례 없는 수준의 폭염"이 시작된다. 2100년에는 5월부터 폭염이 시작될 것이라고. 만약 정말 그렇게 된다면 5월에 피어야 할 꽃들은 어떻게 되는 걸까. 계절과 계절을 이어주는 환절기의 징후들은 다 사라지는 걸까.

노인과 가난한 이들에게 열대야는 혹한의 겨울만큼이나 위협적이라는 칼럼을 읽은 날이 있었다. 폭염과 홍수로 죽은 사람들의 소식이 연일 이어지던 때였다. 그 이

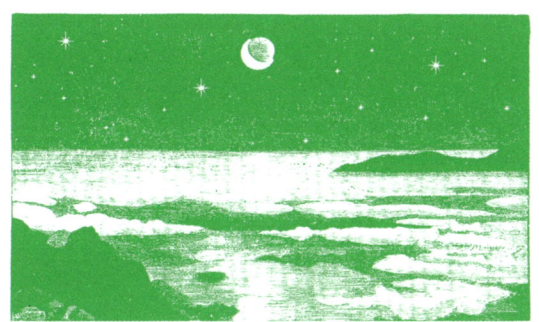

후로 여름의 악몽처럼 어느 시절이 자꾸 떠오른다. 일인용 침대와 책상이 전부인 반 평 남짓한 공간에서 열대야를 견디던 어느 여름. 나를 잡고 놓아주지 않던 그것의 실체를 뒤늦게 알아버린 것 같다. ‡유실‡

뜻

[명사] 방 밖의 온도가 25°C 이상인 무더운 밤.

오이냉국

국이 차갑다는 낯선 느낌 때문인지 몰라도 나는 팥죽을 피해 다니는 귀신처럼 오이냉국을 피해왔다. 군대에서 억지로 먹어야 했던 순간을 제외하고는 아주 용케 잘 피해왔다. 무언가 마음에 들지 않는 구석 하나가 생겨버린 음식은 이상하게 손이 가지 않는다. 먹을 게 아주 많아 피해 다닐 수 있는 방법도 많다. 삶에 싫어하는 것이 생겨버릴 때, 그 어쩔 수 없음을 바꿔보고 싶지만 특별한 계기가 아니면 개선하기 어렵다. 무언가를 싫어하게 되었을 땐, 그 무언가를 열렬히 좋아하는 누군가를 떠올려보면 나아진다. 추운 겨울이 싫다면, 겨울만을 손꼽아 기다리는 사람의 취향과 안목을 생각해보는 것. 그러면 그것을 조금 덜 싫어하게 된다. 이유가 있을 거라고 생각한다. 믿어 의심치 않는다. 오이냉국을 아주 좋아했던 사람이 있었다. 그는 내게 오이냉국을 만드는 법도 알려주고, 추억도 알려주고, 그래서 오이냉국을 싫어하는 사람을 만나면 설득하고 싶다고도 이야기했다. 그는 강요했다기보다는 자신이 좋아하는 것을 누군가가 같이 좋아해주길 바랐던 것 같다. 못 먹는 것이 아니라 안 먹는 것이었기 때문에 어느 날 식당 반찬처럼 나온 작은 그릇의 오이냉국을 열심히 먹어보았다. 생각보다 맛있었고, 의외

로 괜찮았다. 그 사람에게 이 사실을 알려주고 싶었지만 그는 이제 여기에 없다. ‡넝쿨‡

뜻

[명사] 오이를 잘게 썰어 소금이나 간장에 절인 후 냉국에 넣고 파, 초, 설탕, 고춧가루를 친 음식.

옥상

옥상에 자주 오른다. 지금 살고 있는 자취방의 옥상에는 빨랫대 몇 개 있는 게 전부다. 옥상에 올라 기지개를 켜고, 하늘을 바라본다. 어떤 때는 집에 있는 간이 의자를 들고 와 거기에 앉아서 샌드위치를 먹기도 한다. 아삭아삭과 부드러움을 씹으며 주변에 피어 있는 또 다른 옥상을 구경한다. 젖은 수건이 휘날리는 것을 지켜보고 풀이 자라는 것을 보고 비스듬하게 누워 있는 양동이 같은 것을 그저 보기만 한다. 옥상에 오르면 산이 된 것만 같다. 좀 더 어른스러워진 것 같고, 그래서일까 용서와 존중의 마음이 불쑥 피어오른다. 어른이 되어서일까. 어린 기억들도 군데군데 얼룩져 있고 어린 이야기의 뚜껑이 열리다 보니 감성이 풍부해진다. 지는 노을부터 컴컴한 하늘까지의 흐름 아래에 가만히 존재하니, 또 하나의 건물이 된 것 같다. 내가 늘 바랐던 건물 같은, 산 같은 사람은 내가 되어 있었다. ‡능소화‡

뜻
[명사] 지붕의 위.

옥시시

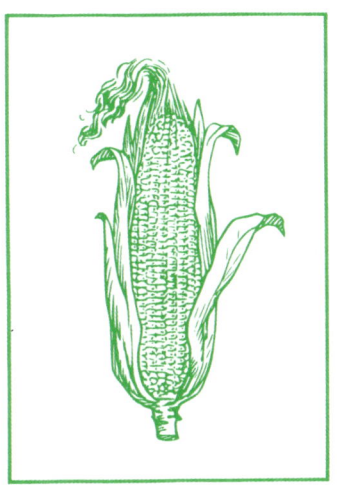

옥수수는 그냥 옥수수 맛이 나고 '옥시시'는 마냥 귀여운 맛이 나지. ‡유실‡

뜻

[명사] 옥수수의 방언.

외갓집

젊은 엄마와 어린 내가 한 계절 머물던 집. 여행자로 방문했다가 공주 아기씨처럼 대접받던 집. 엄마의 어릴 적 이야기가 반복 서술되던 집. 마당이 깊고 누마루가 있던 집. 뒷문을 열어두면 뒤꼍 대나무밭에서 시원한 바람이 불어오던 집. 먹고 놀며 까불다 할머니 부채 바람 누리며 낮잠 자던 집. 떠올리면 가슴 한편이 선선해지는 오래된 기억 속의 집. 집주인인 할머니가 돌아가신 뒤 한 번도 가본 적 없는 집. 엄마와 나의 대화 속에서 조금씩 다르게 그려지는 집. 이제는 헐리고 터만 남은 집. 대청마루 나무 널빤지 두 개를 할머니 유품처럼 내 몫으로 남긴 집. 치자나무 화분 받침으로, 찔레꽃 화분 받침으로 하나씩 두고 보며 가끔 떠올리는 외갓집. ‡유실‡

[명사] 어머니가 나고 자란 집.

이슬땀

울고 난 뒤 개운한 얼굴을 하고 거울 앞에 서 있다. 얼굴이 한층 맑고 투명해 보이는 것은 울고 난 뒤의 흐려진 눈동자 때문일까? 땀을 흘리는 일을 온몸으로 우는 일이라고 생각한다. 우는 일은 꼭 슬픔에 눈물을 흘리는 것만이 아니라, 내 몸을 내가 이겨내보려는 일종의 안간힘이니까. 이슬방울처럼 맺힌 땀을 털어내는 공원 안쪽에서, 우리는 그 땀들이 다 식어갈 때까지 이야기를 나눴다. 이슬땀을 받아내던 흰 티셔츠가 다시 바싹 마를 때까지의 시간은 결코 짧지 않다. 함께 땀을 흘리고, 목을 축이고, 다시 땀을 닦고 땀이 식으며 조금 쌀쌀해진 체온을 나누어 걷던 밤길. 공원과 멀어질 때쯤에 우리는 다시 돌아왔다는 것을 실감하기도 했다. 편의점의 창백한 불빛을 지나, 아쉬운 마음에 서로의 집을 일부러 지나친 다음 전혀 엉뚱한 곳에서 헤어지는 일. 그것이 이슬땀의 행방이다. 땀을 흠뻑 흘리고 난 뒤 개운하게 씻고 나와 거울을 봐도 마찬가지다. 울고 난 뒤의 얼굴처럼 맑고 투명하다. 살아 있구나, 하는 안도감과 함께. ‡넝쿨‡

뜻

[명사] 이슬방울처럼 맺힌 땀.

일광화상

피부가 얇은 나는 여름에 피부가 아주 잘 탄다. 나는 수영장보다 해수욕장을, 에어컨 바람 때문에 서늘해진 커튼 아래보다 나뭇잎 그림자가 우수수 흔들리는 나무 그늘을, 일 인분의 어둠을 꽁꽁 싸매고 있는 내 방보다 소란과 빛의 한가운데인 양지바른 광장을, 은은하고 어렴풋한 달빛보다 쨍하고 맹렬한 햇빛을 좋아한다. 이런 내가 햇빛을 오래 보면 안 된다니! 나의 경우에는 선크림과 알로에 크림조차 소용이 없다. 3년 전 8월의 어느 주말, 부산 기장의 해수욕장에서 반나절 신나게 수영을 한 나는 수영복에서 원피스로 갈아입고 나서야 사태의 심각성을 깨달았다. 햇빛을 오래 본 팔뚝, 목덜미, 어깨는 그날 저녁부터 감자 칼에 벗겨지는 감자 껍질처럼 죽죽 벗겨졌다. 다음 날은 월요일이었고, 나는 사무실에서 온몸이 내내 가렵고 따가워서 팔뚝을 긁다가 피부과로 조퇴

를 해야만 했다. sunburn. 햇빛에 데다. 사람의 피부는 불이 아니라 햇빛에도 화상을 입는다. 아마도 나는 태생적으로 구릿빛의 건강한 피부로 선탠을 하긴 글렀을 것이다. 그럼에도 불구하고 여름이 오면 또 불을 향해 뛰어드는 부나방처럼 푸르고 짠 바닷물 속으로 풍덩 뛰어들 것이다. 신나게 바다 수영을 할 것이다. ‡뱀잡이수리‡

뜻
[명사] 자외선에 오래 노출되었을 때 피부가 붉어지고 따가워지는 염증 반응.

일요일

손에 잡히지 않는 어떤 기쁨을 일요일이라고 표현한다. 돌돌 말린 롤케이크 안에 감춰진 과일들의 기분이나 사과가 아삭아삭 씹힐 때. 스프링클러가 있는 잔디밭에서 물이 뿜어져 나올 때. 시원한 카페에 앉아 상큼한 요거트 케이크를 먹을 때. 한없이 늘어지는 장대비를 바라볼 때. 언제고 돌아오는 일요일을 맞는 기분이다. 월요일 속에서 계속 일요일 같은 일들을 찾는다. ‡능소화‡

뜻

[명사] 월요일을 기준으로 한 주의 마지막 날. 기쁘고 행복한 감정을 표현할 때 쓰는 단어.

자귀나무◇자매결연◇자장가◇자전거◇작달비
작약◇잠수◇장마◇정류장◇조근조근
중력◇진짜◇찝찝하다

자귀나무

나란히 걷다가 누가 먼저랄 것도 없이 눈길이 가는 나무 앞에 멈춰 섰다. 올려다본 나무에는 분홍색 총채 같은 꽃이 가득 피어 있었다. "이 꽃나무 이름이 뭐지?" "자귀나무, 밤이 되면 이파리들이 서로 끌어안고 잠을 자." 너는 척척박사처럼 말했다. 내게는 이름도 생소한 자귀나무를 너는 금세 알아본다는 게 신기했지. 식물에 관한 것이라면 모르는 게 없는 네가 자연의 백과사전처럼 느껴져 자랑스러웠다. 자귀나무 이름을 잊지 않으려고 속으로 몇 번이고 되뇌었지만, 다시 만난 나무 앞에서 매번 같은 혼잣말 한다. "이름이 뭐였더라?"

산책길에 분홍색 꽃이 가득 핀 나무를 만난다면 그것은 배롱나무이거나 자귀나무다. 가늘고 긴 수술이 부채처럼 펼쳐져 있어 그 끝이 분홍빛이고 보드라운 깃털 같은 꽃 모양을 하고 있다면 그것은 자귀나무다. 달콤하고 은은한 향이 난다. 여름 꽃나무 중 가장 먼저 꽃을 피운다. 작은 잎줄기에 한쪽 끝이 둥글고 긴 반달 모양의 이파리가 서로 마주하고 촘촘히 달려 있다. 이것은 다시 하나의 이파리처럼 큰 잎줄기에 같은 모양으로 배열돼 있다. 밤이 되면 작은 잎줄기에 난 잎들이 서로 안는 모양으로 겹쳐졌다가 아침이 되면 다시 펼쳐진다. 빛의 영향으로 발생하는 이 현상을 '수면운동睡眠運動'이라고 한다. 겹쳐지는 모습이 서로를 꼭 끌어안고 있는 다정한 부부의 모습이 연상된다고 하여 '금슬나무'라고도 불린다.
‡유실‡

뜻

[명사] 여름 꽃나무 중 하나. 콩목 콩과 미모사군의 식물. 6~7월에 가지 끝에 연분홍색의 꽃이 핌.

자매결연

피부 속에서 살고 있는 여름에 관한 이야기. 여름과 자매결연 맺었던 이야기. 그 시절을 뼈와 피부 사이에 흐르는 여름의 시간으로 감각하고 있다. 2001년 그해 여름, 우리 학교는 전라북도 장수에 있는 한 초등학교와 '자매결연'을 맺었다. 1박 2일 동안 자매결연으로 맺어진 친구네 집에서 하룻밤을 자고 오는 일정이었다. 처음 만난 친구네 집에서 홈스테이를 하다니. 우리는 서로 외국인도 아닌데, 이렇게 우정을 나눌 수도 있을까? 각 반 반장들만 모여서 떠났던 1박 2일이었다. 지금은 그 친구의 이름도 잘 기억나지 않는데, 기억을 더듬어보면 그곳은 온통 사과밭인 시골이었다.

그 당시 전주도 시골에 가까웠지만, 그래도 우리는 강당에 임시 교실을 설치했어야 할 만큼 대규모 아파트 단지 속에서 학교를 다녔다. 다 비슷비슷해 보이는 과수원을 지나면서도 친구는 서툴고 어색한 목소리로 여기는 누구네 사과밭, 여기는 누구네 사과밭, 여기는 벌레가 많이 먹었네, 하는 그런 이상한 말을 했던 것 같다. 우여곡절 끝에 도착한 친구 집에 들어가 공손한 손님이 되어 가족의 환대를 받고, 친구 방에 조심스레 짐을 풀고 있었을 때, 내 가방에 달려 있던 키링이 흔들려 요란한 소리를 냈다. 그 키링은 명찰처럼 되어 있었는데, 거기엔 '신화창조'라고 적혀 있었다. 그때 나는 아이돌 그룹 신화를 아주 동경하고 좋아했으므로. 친구는 그것을 보더니 갑자기 누나 방에서 무언가를 가져왔다. 누나가 모은 '신화' 관련 기사 스크랩과 각종 굿즈들이었다. 나는 그것을 신기해하며 구경했다. 우리가 처음으로 서로 해사하게 웃었던 순간. 해가 어둑하게 질 무렵 우리는 그 마을의 분수대 쪽에 모여 있었다. 어디서 다들 챙겨온 물총을 꺼내어 분수대에 푹 담가 물을 충전한 뒤, 마구잡이로 뿌려댔다. 처음에는 학교 별로 팀이 나뉘었다가, 자연스럽게 자매결연으로 연결된 두 사람씩 팀이 되어 있었다. 물을 너무 많이 맞아서 티셔츠를 비틀어 짰다. 그때의 장면을 생각하면 슬로 모션으로 움직인다. 안경에 맺힌 수많은 물방울 사이로 누군가가 웃거나, 누군가가 물총 겨누는 것을 보고, 도망가고, 다시 모여들었다가 하나, 둘 지쳤을 때 정자에 앉아 먹었던 사과와 참외 같은 것들, 초저녁 귀뚜라미 소리가 요란하게 울리고, 막 틀어놓은 선풍기가 물에 익었던 몸을 노곤하게 말리면서 오는 잠, 낯선 베개와 이불 속에서 우리는 밤새도록 이야기를 나눴던 것 같다. 몸이 작았을 땐 하루가 유난히도 길었는데, 그날은 유독 짧았다. 몇 주 후면 반대로 친구가 우리 집에서 하룻밤을 묵어야 했다. 거기선 물총 싸움 같은 거 못해, 주차장에서 숨바꼭질 같은 건 할 수 있겠다, 과일은 다 마트에서 사온 것일 거야, 엄마는 아마 돈가스를 튀겨줄걸? 여기는 뛰어놀 곳이 많네, 거기엔 오락실도 많지? 좋겠다, 좋겠다 서로를 부러워하며.

　그 후 친구와는 다모임이나 싸이월드로 계속 연락을 주고받았었는데, 어쩐지 어느 날 정전이 된 것처럼, 흔적을 찾아볼 수 없게 되었다. 너무 흔한 이름이라서, 요즘의 SNS에 검색해도 잘 나오지 않고, 찾는다 한들 무엇을 할 수 있을까 싶은 마음에 그만둔다. 그때 내 피부 속에 스며든 여름의 시간이 아직까지 흐르는 것 같다. 2015년에 태국에서 한 달 동안 지냈을 때, 무슨 마음에서인지 잘 차려입은 채로 어느 광장 바닥에서 솟구쳐 나오는 분수를 온몸으로 맞은 기억이 있다. 물론 금방 후회했지만, 물에 젖어도 싫지 않았던 햇빛과 물이 마른 뒤의 이상한 나른함 같은 것을 느끼면서, 언젠가 이런 감각을 깊게 경험한 적이 있었다고 생각했는데, 이제야 생각이 났다. 여름날의 자매결연, 강당에 모여서 선생님이 시키는 대로, 연결된 친구와 어색한 포옹을 하고, 곧 만날 수 있을 것처럼 태연하게 인사했던 것, 그러나 버스 창가에 한참을 기대어 멀어져 가는 친구의 얼굴을 보며, 이제는 돌이키는 일만 할 수 있게 되었을 때, 나도 모르게 그때의 여름을 깊게 새겨두었던 것 같다. 버스를 타고 왔던 길을 거꾸로 거슬러 올라가며 사과나무가 많은 마을을 떠날 때 친구네가 농사짓는 작은 과수원을 보면서 다시 찾아와도 찾을 수 있을 것만 같았다. 빛이 내리쬐었고, 버스에는 친구들이 피곤한 얼굴로 잠들어 있었다. 홀로 깨어 있는 이상한 시간 속에서 나는 작은 키링을 만지작거리며 도착할 때까지 생각에 잠겨 있었다. 참 좋고 이상한 여름이라고 중얼거리며.‡넝쿨‡

뜻
[명사] 한 지역이나 단체가 다른 지역이나 단체와 서로 돕거나 교류하기 위하여 친선 관계를 맺는 일.

자장가

뜨끈뜨끈한 배 위의 이불을 치우고 다시 덮고, 실랑이하는 동안 자장가는 모깃불 연기를 퍼트린다. 연기 따라 흩어지는 한낮의 기쁨, 커졌다 작아지길 반복하는 가느다란 곡소리. 사이사이 달래듯 자장자장. 뜨거운 하늘에는 별이 가득, 축축한 땅에는 어둠이 가득, 수풀 사이엔 희뿌연 뱀의 허물, 거짓말, 네 자리는 없어, 거짓말, 같이 가자 잡아끄는 손에 놀라 눈을 뜨면 어느새 차가워진 배를 쓸어내리는 또 다른 손길. ‡언덕 위의 호세‡

뜻

[명사] 어린아이를 재우기 위하여 부르는 노래.

자전거

보조 바퀴를 떼고 두 바퀴로 처음 공원 한 바퀴를 돌았던 여름날, 드디어 세상과 함께 중심을 맞춰 놀 수 있게 되었지. 넘어지지도 않고 점점 더 속도를 올리면서 온갖 길을 굴리는 재미에 빠져 어스름이 지는 줄도 모르고 달렸지. 지칠 기색도 없이 공원을 돌고 또 돌았지. 그렇게 돌았는데도 현기증을 느낄 수 없다는 게 참 신기했지. 몸이 커지면서 더 큰 자전거를 탔고 친구들과 매일 같은 시간 같은 장소에서 만나 강변을 달려 학교에 갔지. 혼자 갈 때는 괜히 페달을 세게 밟아 눈살을 찌푸릴 정도로 강한 바람이 불었는데 친구들과 함께 다니게 되면서 속도를 줄이니까 바람도 살랑살랑 불었어. 바람은 속도의 기분을 맞출 줄 아는구나. 우리는 길을 둥글게 걷는 법을 배웠지. 간혹 중심을 잃어 넘어지려고 할 때, 넘어지려는 방향으로 몸을 기울여야 넘어지지 않을 수 있다는 사실을

배웠지. 자전거에 탄 사람과 서 있는 사람의 키가 엇비슷한 이유는 언제든 서로의 곁이 되어줄 수 있기 때문일 거야. 학교를 마치고 집에 돌아오는 길에, 그러니까 페달에서 발을 빼고 두 다리를 앞으로 쭉 뻗으며 언덕을 내려갈 때, 강변이 황금빛으로 물든 오후에, 문득 앞서가는 두 사람을 보는 거야. 한 사람은 자전거를 끌고 있고 한 사람은 옆에서 걷고 있었어. 그러더니 한 사람이 다시 자전거를 타는 거야. 페달을 정교하게 움직이면서. 걷는 사람의 보폭과 속도를 맞추면서. 뒤에 탈 수 있는 자전거인데도. 두 사람은 여름과 햇빛 사이를 걸었어. 때마침 언덕을 다 내려온 자전거는 두 바퀴를 굴리며 힘차게 앞으로 나아가고 있었지. 여름과 햇빛을 둥글게 감는 중이었어.
‡낙서‡

뜻

[명사] 사람이 타고 앉아 두 다리로 바퀴를 돌려서 움직이게 하는 탈것.

작달비

방콕에서 여행하던 중에는 작달비가 많았다. 비를 맞으면 선생님에게 등짝을 맞는 것처럼 매서운 느낌이 들 정도의 거센 비. 잠깐씩 내렸다 그치기는 했지만 어느 날의 작달비는 유달리 성난 얼굴이었다. 창문을 닫아도 소리가 선명하게 들릴 정도로 내렸던 작달비가 시끄럽거나 성가시게 느껴지기도 했지만, 반대로 잠이 솔솔 쏟아졌다. 이렇게 거센 빗소리에도 잠을 잘 수가 있다니. 작달비의 우렁찬 소리가 며칠 잠을 못 잔 나를 재워준다는 사실이 실로 놀라울 수밖에 없었다. 하늘이 뚫린 것처럼, 거짓말처럼 쏟아지던 비는 자고 일어난 뒤엔 그쳐 있었다. 언제 그랬냐는 듯이 꽁무니를 감춰버리는 작달비. 여름의 가장 큰 손님. 험상궂게 와서 다소곳이 잠들게 만드는 비 손님. ‡넝쿨‡

뜻
[명사] 장대처럼 굵고 거세게 착착 내리는 비.

작약

여름 작약은 더위도 꼭 붙여 두 송이씩. 서로 기대어 있을 때 더 오래 피어 있을 수 있다는 사실을 말해준 사람이 있었다. ‡넝쿨‡

뜻

[명사] 작약과의 여러해살이풀을 통틀어 이르는 말. 꽃이 크고 아름다워 정원에 관상용으로 재배.

잠수

너무 각진 세상이 아플 때가 있다. 대기와 구별되지 않을 정도로 투명한 유리문에 이마를 찧는다. 카페 카운터에서 커피를 받아 들고 가다가 탁자 모서리에 옆구리가 걸린다. 지하철 객실에서 내리려고 하는데 순서를 지키지 않고 먼저 안으로 들어오려는 사람의 어깨에 밀린다. 지상에서는 표정과 마음이 쉽게 들킨다. 그럴 때마다 물속으로 도망치고 싶다. 물속이야말로 이 세계에서 가장 안전한 공간이라는 느낌을 받는다. 바다까지 갈 필요는 없다. 동네 근처 수영장에 간다. 제대로 배워본 적 없는 영법으로 물살을 가른다. 얼마 못 가 찡그린 표정으로 얼굴을 든다. 그래, 일단 물이랑 좀 친해질 필요가 있어. 다시 몸을 물속으로 집어넣는다. 수경의 힘을 빌려 눈을 부릅뜨고 물렁물렁한 세상을 바라본다. 물의 테두리를 가지고 싶어 최대한 오래 물에 잠겨본다. 하지만 일 분을 채 못 넘기고 수면 위로 얼굴이 솟는다. 부족한 숨을 채우느라 호흡이 가쁘다. 아프지는 않았다. ‡낙서‡

[명사] 물속으로 잠겨 들어감.

장마

여름이 좋아졌다. 밤이 어두워졌고 누군가 이별을 하고 누군가 한 사람이 죽고 그럼에도 흘러가는 강물. 장마가 좋아졌다. 지금 이 시간이라서 더 좋아졌다. 모두가 내일이 아닌 것처럼 좋아졌다. 앞으로의 일은 남의 일. 여름이 오는 것도 가는 것도 한꺼번에 남의 일. 빗소리가 시끄러운 것도 언젠가 들리지 않는 것도 남의 일. 빗방울이 좋아졌다. 터질 듯 터질 듯 고요함이 좋아졌다. 어느새 내장이 다 드러난 운명이 좋아졌다. 행복은 늦게 온다. 거의 오지 않는다. 영영 오지 않는 당신이 좋아졌고 너무 늦게 와서 눈앞에 놓인 원망스러운 눈길이 좋아졌다. 아무도 없이 홀가분한 고백이 좋아졌고 여전히 듣지 않는 외로운 장소가 좋아졌다. 방금 흘린 땀처럼 좋아졌다. 여름이 좋아졌다. 장마가 좋아졌다. 다시, 비가 온다. ‡김언‡

뜻

[명사] 여름철에 여러 날을 계속해서 비가 내리는 현상이나 날씨. 또는 그 비.

정류장

한여름의 정류장을 떠올린다. 무지 덥거나 무지 추울 때, 극단의 대비로 이루어진 계절이면 정류장에 서 있는 사람들을 떠올린다. 표정이 좋지 못하다. 한 손엔 손 선풍기를, 다른 손엔 손수건을 들고 전광판만 바라보는 사람들. 언젠가의 여름, 남해에 갔을 때 언제 오는지도 모를 버스를 기다리며 정류장에 가만히 앉아 있었다. 불가마 사우나에 있는 것 같던 뜨거움. 매미 울음과 바람 소리 하나 들리지 않고 여름은 가장 여름다운 모습으로 있었다. 가만히 앉아 있으니 1분도 되지 않아 땀이 주르륵 흘렀다. 견딜 만한 것들이 많은 여름. ‡능소화‡

뜻
[명사] 버스나 택시 따위가 사람을 태우거나 내려 주기 위하여 머무르는 일정한 장소.

조근조근

쨍하고 훅 터지는 여름 앞에서 조근조근 할 일이 무엇이 있을까. 그럴 땐 가장 폭염인 곳으로 간다. 내리쬐는 태양의 소리가 아주 희미하게 들린다. 아스팔트에 뜨거운 아지랑이가 피어오르는 소리. 구름 한 점 찍히지 않은 시퍼런 하늘. 바람 한 톨 불지 않는 곳에서 이따금 몸을 스치는 조용한 공기. 불볕더위에선 모든 게 살금살금 조심스럽다. ‡능소화‡

뜻

[부사] 낮은 목소리로 자세히 이야기를 하는 모양.

중력

겨울에 당신을 만났고 봄에는 내내 앓았다. 나무 그늘 우거지던 그해 여름 나는 아득한 무게를 견디며 살았다. 내내 살아내었다. 밥을 먹을 때에 나는 순가락의 무게를 견뎠다. 글을 쓸 때에는 손가락의 무게를, 커피를 마실 때에는 줄어가는 무게를 견뎠다. 마음에는 마음의 무게가 있고 기억에는 기억의 무게가, 벗의 농담에서는 눅진한 슬픔의 무게가 느껴졌다. 이곳을 떠나 멀리 가보기도 했다. 그곳이 어디든 무게는 나를 따라다녔고 밤이 되면 피곤한 몸을 내 곁에 뉘였다. 그해 여름 바닷가에서 만난 파도 소리, 그 찬란한 무게를 기억한다. 나는 어서 가을 지나 다시 겨울이 오기를 바랐다. 여름은 길었고 길이에도 무게가 있었다. 그리고 어느 날이지. 높은 창문들 번뜩이고 아무도 없는 한낮 거리에서 나는 당신을 느꼈다.

당신은 가까이 있었다. 당신이 나를 당기고 내가 당신을 당겨 생기는 이 아뜩한 힘은 둥그렇고 폭신할 것만 같아서 그곳으로 몸을 던지고 싶었다. 숨이 턱 막혀왔고 이마에는 땀이 맺혔다. 나는 한 계절 사이 제법 야윈 두 팔을 감싸안고 서 있었다. 너무 가고 싶어서 가지 않으려고 나는 꼼짝하지 못했다. 얼마나 있었을까. 내 어깨에 손을 얹는 이가 있었다. 당신이었다. 이봐요. 조심해요. 이런 곳에 서 있으면 쓰러질 수도 있어요. 당신이 아니었다. 나는 고개를 끄덕였다. 하지만 움직일 수 없다. 손끝 하나 까딱했다간 그대로 당신에게로 끌려갈 텐데. 가고 싶고 가고 싶지 않고 그런 사이. 다음 계절이 올 때까지, 그게 언제인지 알 수 없지만 이렇게 있을 수밖에 없었다. 겨울에 당신을 만났고 봄에는 내내 앓았으며 그해 여름, 무겁다 생각했던 시절은 지금도 나를 놓아주지 않고 나는 서 있다. ‡유희경‡

뜻

[명사] 질량을 가지고 있는 모든 물체가 서로 잡아당기는 힘.

진짜

여름에는 입버릇처럼 말하게 된다. 진짜 더워. 진짜 짜증나. 진짜라는 부사는 강조할 때 주로 쓰게 되는데, 여름에 유독 진짜라는 말을 많이 쓰는 것을 보니 무언가를 확실하게 실감하는 날들이 많아서일지도 모르겠다. 여름을 왜 좋아하는지 물어보는 사람들에게 나는 언제나 여름이 생동하고 있어 좋다고 이야기해왔다. 가만히 있거나 멈춰 서 있는 것이 없고, 죄다 자기 궤도를 벗어나려고 하는 것만 같다. 여름의 운동성. 그 자욱한 사실들이 꼭 살아 있는 순간의 생동감처럼 다가왔다. 진짜? 응. 진짜!
‡넝쿨‡

> [부사] 꾸밈이나 거짓이 없이 참으로.

찝찝하다

갑자기 비가 내린다. 속수무책인 여름밤이 많다. 깨끗한 여름과 질퍽한 여름이 공존한다. 거리는 코팅된 종이처럼 윤기가 흐른다. 물웅덩이에 발을 잘못 디뎌 한쪽 신발에 물이 한가득 들어찬다. 흡사 양말이 물 위에 둥둥 떠 있는 기분이 든다. 양말이 풍선처럼 부풀어 오른 것 같다. 이 상태로 집까지 한참 더 가야 한다니. 지하철도 타야 하고 버스도 타야 한다니. 고역이 따로 없다. 설상가상 순간적으로 강한 바람이 불어닥쳐 우산살이 꺾인다. 비에 온몸이 홀딱 젖는 동안 우산 모양을 이리저리 다시 맞춰보지만 소용없다. 티셔츠가 몸에 쫙 달라붙는다. 집에 가면 엄마가 어디 가서 뭘 했길래 이 모양 이 꼴이냐고 물을 것이다. 크고 긴 수건을 가져와 몸을 닦아주고 감싸줄 것이다. 그냥 시원하게 친구랑 비 한번 실컷 맞아보고 싶었어요! 그러면 매를 더 벌 것이다. 다음 날이면 여지없이 몸살감기를 앓는다. 여름 방학이 거의 다 지나가고 있다. 잠자리에 누우면 잊었던 숙제들이 한가득 떠오르지만 그대로 눈을 감는다. 잠이 솔솔 온다. ‡낙서‡

뜻
[형용사] (속되게) 개운하지 않고 무엇인가 마음에 걸리는 데가 있다.

차렵◇찬란하다◇찰박이다◇참외◇찹쌀떡
촉촉하다◇칠월 송아지

차렵

매끄럽고 기분 좋지요. 부드러워요. 미끄럽다고도 생각합니다. 시원하죠. 맞습니다. 덮어도 자꾸 덮어야 할 것 같고, 끌어올려도 내려갑니다. 사람을 위에서 무겁게 내리눌러야 잠이 온다는데, 저는 믿어요. 여름엔 잠이 안 와요. 뙤약볕 아래에서 눈꺼풀이 감깁니다. 덮어도 안 덮은 것 같고 햇볕은 꼭 암막처럼 눈앞을 캄캄하게 덮고 저는 사람들이 제정신으로 지내는지 궁금합니다. 이불은 곱게 개고 나왔는지 악몽은 꾸지 않았는지. 행복하다, 좋다, 다들 왜 그러고 사는지 모르겠다는 사람은 가만히 바라봅니다. 그리고 크고 따뜻한 손바닥 같은 겨울 이불을 떠올립니다. 누가 날 그렇게 내리 눌러준다면. 하지만 시원하죠, 차렵이불. 다시 출렁입니다. 언제 장롱 안에서 나온 걸까요. 넣은 기억은 없어요. ‡고민형‡

뜻

[명사] 옷이나 이불 따위에 솜을 얇게 두는 방식.

찬란하다

마법의 문장 "여름이었다"를 사용하고 싶은 어느 천변. 유유히 강물을 타는 거위들이 부드러운 흰색을 자랑한다. 사랑을 고백하기 직전에 달아오르는 두 뺨의 붉음이 물에 비친 그 어떤 빛으로도 가릴 수 없다. 단지 지나치도록 나란히 걸으며 서로의 보폭에 눈치를 주며 어리숙한 마음을 맞추어보고 있다. 빙빙 돌려 말하는 것도 이제 그만. 지금부터는 정확해질래. 정확한 사랑을 말할래. 좋아해! 그러자 세상은 한순간에 멈추고 두 사람의 온기만이 대기를 덮는다. 첫사랑의 역사가 시작되고 있다. 다음 날의 부끄러움이 벌써 밀려오고 있다. 여름이었고, 두 사

람은 서로의 마음을 확인한다. 사랑이 더욱 반짝이는 계절. 그만큼 상처도 더 선명해지는 계절. 그렇다고 생의 찬란을 포기할 수는 없다. 자전거가 불빛을 깜빡이고 종소리를 내면서 달려온다. 두 사람이 서 있던 자리는 산책자 전용이 아니라 자전거 전용 길이다. ‡낙서‡

뜻

1 [형용사] 빛이 번쩍거리거나 수많은 불빛이 빛나는 상태이다. 또는 그 빛이 매우 밝고 강렬하다.
2 [형용사] 빛깔이나 모양 따위가 매우 화려하고 아름답다.
3 [형용사] 일이나 이상(理想) 따위가 매우 훌륭하다.
4 [형용사] 감정 따위가 매우 즐겁고 밝다.

찰박이다

여름에 가장 선명하게 들리는 것은 찰박이는 소리. 세숫대야에 띄워진 바가지가 물을 퍼 담는 소리. 물가에 앉아 발장구치며 작은 포말을 만들 때 나는 소리. 빗길에 푹푹 빠지는 발로 걸어 나갈 때 나는 소리. 찰박인다는 말은 글자의 모양에 소리의 느낌도 담겨 있어 신기한 말이다. 찰박인다는 것은 그곳에 풍덩 빠지거나 담겨 머무르지 않고, 들어갔다 나오거나 닿았다 떼면서 생기는 소리. 그러니까 여름을 나아가는 소리. 여름이 반짝거리는 소리.
‡넝쿨‡

[동사] 얕은 물이나 진창을 거칠게 밟거나 치는 소리가 나다. 또는 그런 소리를 내다.

참외

노란빛이다. 쨍한 노란빛. 실상 속은 멀겋다. 알고 보면 생각이 많은 사람처럼. 가득 들어찬 잡념 탓에 긴긴밤 쉽게 잠들지 못할 것 같다. 달다, 달다, 중얼거리다 보면 더 달아지고 그런 달금함으로 더위와 시간의 고단을 견디는지 모른다. 달고 향기로운 이 액과液果를 몇 알 까먹고 나면 접시에 수북이 쌓이는 껍질. 한눈을 판 사이 조그만 날벌레들이 날아와 껍질 속을 헤매고, 단맛을 좀 보고. 그 애들과 내가 같은 입맛을 가졌다 믿으면 여름은 잠시 순해진다.

 내가 사랑한 이들은 모두 여름에 죽었다. 제상 위 불경스럽도록 노란 한 알의 빛을 자주 생각한다. ‡박소란‡

뜻

[명사] 박과의 한해살이 덩굴 식물로, 멜론의 일종이다.

찹쌀떡

여름엔 찹쌀떡을 종종 찾는다. 봄, 가을, 겨울엔 생각도 안 나면서 여름만 되면 떠오르는 이유는 아무래도 찹쌀떡이 얹어진 다른 것들(예를 들면 팥빙수라든가 콩국수라든가) 때문이다. 여름에만 먹을 수 있는 안미츠(삶은 팥과 각종 과일, 우뭇가사리묵, 떡, 아이스크림 등을 얹은 일본 음식)에도 찹쌀떡이 잘 어울린다. 달콤한 무엇을 먹을 때마다 나와 주변의 기운을 생각하게 됐다. 공원길에서 먹는 도넛, 새콤달콤한 라즈베리 사탕, 관광지에서 먹는 아이스크림, 공항 의자에서 마시는 커피. 행복감이란 이런 조화를 찾아가는 일이 아닐까. 조합을 조화로 만들 수 있는 힘을 기르는 것. 온갖 것들에게서 사랑감을 발견하고 싶다. ‡능소화‡

뜻
[명사] 찹쌀로 만든 떡.

촉촉하다

샌드위치는 대개 촉촉과 바삭으로 나뉜다. 내 취향은 보들보들한 촉촉파. 촉촉파 샌드위치에는 대개 신선하게 흐트러진 채소가 마요네즈에 절여져 있거나 차가운 햄, 삶은 달걀 등이 한데 어우러져 뒹군다. 한 입 베어 물면 은은한 겨자와 마요네즈, 가끔은 케첩의 새콤함이 주르륵 흐를 때도 있다. 촉촉한 만큼 아침 샤워를 막 마친, 신선하고 차가운 샌드위치. 난 아이스 라테와 이것을 먹는 걸 좋아한다. 겉에 상처가 있는, 바삭한 샌드위치에는 작은 온기가 배어 있다. 속 달걀은 알맞은 크기로 튼튼하게 있다. 무분별하게 덩그러니도 아니고 벽돌같이 꼭꼭 잘 숨어 있다. 가끔 생 버터와 아삭아삭한 양배추가 함께일 때도 있다. 케첩은 약간. 마요네즈 범벅은 상상할 수 없다. 촉촉 샌드위치가 풀어진 아침이라면 바삭은 단단한 결심의 아침. ‡능소화‡

뜻

[형용사] 물기가 있어 조금 젖은 듯하다.

칠월 송아지

아무것도 안 하면서 지낼 수 있는지 대화를 나눈 적이 있다. 삶을 영위할 수 있는 최소한의 행위만 하고 지낼 수 있는지. 그러자 돈은 어떤 상태냐고 묻는다. 돈은 부족하지 않을 만큼 있으므로 걱정할 필요가 없다. 대신 자기 성취를 능력으로 이루어낼 수 없고 직업도 가질 수 없다. 돈만 많은 완전한 백수 상태에서 지내는 것. 근처 카페에서 커피 마시며 책 읽는 시간 정도는 가질 수 있다. 집에서 게임도 가능하다. 여행은 금지. 동네만 돌아다닐 수 있다. 대답이 돌아온다. 그걸 지금 질문이라고 묻는 거냐고. 개풀을 뜯어먹어도 안빈낙도면 그만이다. 여행 마지막 날의 대화였다. 내일부터 다시 돈 벌러 나가야 하는 삶에 지친 자들의 칠월이었다. ‡낙서‡

[속담] 칠월이 되어 농사의 힘드는 일도 끝나고 여름내 푸른 풀을 뜯어 먹어 번지르르해진 송아지라는 뜻으로, 팔자 늘어진 사람을 비유적으로 이르는 말.

카페 ◇ 커피 ◇ 콩국수 ◇ 크리스마스 ◇ 클로티드크림

카페

좋아하던 카페의 사장님은 과묵한 사람이었다. 처음 찾아간 날부터 꽤 자주 드나들 때까지 나를 처음 온 손님처럼 한결같이 대했다. 그 무심함은 커피를 향한 장인의 고집에서 비롯된 것 같았다. 이곳에 온 손님들에게 오직 최상의 커피를 대접하겠다는, 커피 외에 다른 것에는 눈길도 주지 않겠다는 신념이 느껴졌다. 로스팅 기계는 있었지만, 커피는 핸드드립이었다. 점심시간이면 손님들의 대기 시간이 길었다. 테이블이 오밀조밀 잘 배치돼 있었고 다락방 같은 은밀한 일인용 작업 공간이 구석에 있었다. 내가 그 카페를 발견한 날은 한여름이었다. 사무실에서 나와 무작정 인적 드문 골목길로 길게 산책을 나섰다가 더위에 지쳤을 때 주택가 모퉁이에 카페가 보였다. 문을 열고 들어서자 하, 하는 탄식이 절로 나왔다. 카페는 조용한 클래식 음악과 딱 알맞은 냉기로 나를 맞이했다. 심드렁한 표정으로 책을 읽고 있던 사장님의 모습도 나를 안심시켰다. 적어도 혼자 있는 시간에 책을 읽는 사람은 신뢰할 수 있으니까. 나는 그곳에서 주로 케냐 커피를 마셨다. 다른 커피 이름보다 케냐가 제일 짧고 전달력이 좋은 단어여서다. 사장님이 메뉴를 되묻게 하는 일 따위 만들고 싶지 않았다. 큰 테이블 곁의 창가에 다육 식물

화분들이 각각 개성 어린 모양으로 자라는 것을 관찰하는 게 좋았다. 글을 쓰거나 일을 하러 혼자 온 사람들이 많았고 더러 좋아하는 작가를 마주치기도 했다. 삐걱거리는 마룻바닥과 손수 만든 것 같은 책장에 꽂혀 있는 책 제목을 눈으로 따라 읽는 것도, 그 책 중 몇 권을 탐내는 시간도 좋았다. 어느 날 그곳의 오랜 단골이 아르바이트생으로 합류했고 그가 머무는 요일에는 공간에 다른 빛깔의 생기가 머물렀다. 그는 아주 작은 목소리로 인사하는 사람이었지만 언제나 웃는 눈을 하고 있어서 눈에서 먼저 소리가 나는 것 같았다. "어서 오세요. 날이 덥죠. 케냐 드릴까요?" 다정한 살핌으로 조용히 말을 거는 사람이었다. 과묵하던 사장님은 어느 날부터 마들렌을 굽기 시작했다. 봉투에 담아 마들렌을 건넸다. 어떤 날엔 당근과 귤을 주었다. 그렇게 나는 카페 단골이 되었다.

 그곳을 드나드는 몇 년 동안 나를 즐겁게 한 많은 것 중 지금도 가끔 소식이 궁금한 것이 있다. 테이블에 언제나 놓여 있던 나무로 만든 손바닥만 한 네모 프레임에 담긴 테트리스 블록 모양의 퍼즐이다. 어떤 날은 끝내 다 맞추지 못하고 어떤 날은 운이 좋아 커피가 나오기도 전에 퍼즐을 완성했다. 그 나무 퍼즐 조각을 만지던 감각이 가끔 그립다. 시간의 미로 속에 영원히 갇혀버릴 것 같던 시간도. 카페는 몇 년 전 문을 닫았고 그 자리에는 새로운 식당이 들어섰다. 기억은 시간이 흐를수록 더욱 또렷해진다. 어쩌면 덧입혀지는 걸까. 그때는 미처 느끼지 못했던 공간에 대한 고마움이 날이 갈수록 더욱 새겨지는 것처럼. ‡유실‡

뜻
[명사] 커피나 음료, 술 또는 가벼운 서양 음식을 파는 집.

# Tea

Coffee

Chocolate

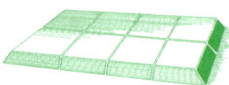

Hot Water

Milk

커피

여름 커피숍엔 사람이 늘 많다. 빵빵한 에어컨 때문이겠지. 프랜차이즈는 말할 것도 없고 동네 개인 커피숍도 평일, 주말 할 것 없이 밤늦게까지 사람이 늘 있다. 어떤 커피숍은 저녁이 되면 술을 함께 판매하기도 한다. 일단 해가 떠 있는 시간이 길어지니까. 나는 한때 여름마다 퇴근 후 커피를 마시러 다녔다. 얼음이 한가득인 시원한 커피를 앞에 두고 석양이 책에 스미는 것을 핸드폰 카메라로 종종 찍었다. 커피 마시러 다니는 횟수가 늘어난 것으로 비로소 여름이구나를 실감한다. 이십 대 때 메밀국숫집에서 아르바이트를 하다 땀 뻘뻘 흘리며 타 마셨던 냉커피. 열대야에 잠 못 들고 밖으로 뛰쳐나가 편의점에서 사 먹었던 캔 커피. 입맛 없어 아이스 바닐라 라테로 점심을 대신했던 기억. 커피에 수많은 이름이 있는 게 좋다. 여름마다 생겨나는 시그니처 메뉴들도. 커피 이름으로 여름을 이야기할 수 있어 좋다. ‡능소화‡

뜻
[명사] 커피나무의 열매를 볶아서 간 가루. 카페인을 함유하고 있다.

콩국수

여름의 풍경은 푸른데 여름 음식이 대체로 흰색인 이유는 뱃속에 미리 겨울 풍경을 담아두어야 하기 때문일까? 빙수도 소프트아이스크림도 콩국수도 모두 하얗다. 올해는 진주회관의 콩국수 없이 어떻게 여름을 날 수 있을지 모르겠다. 울창한 가로수 따라 팔차선 도로를 건너 매연과 인파를 뚫고 도착한 그곳에서 콩국수를 먹어야 하는데. 선불로 결제하고 10초만에 나온 콩국수의 흰 국물을 투명한 면을 겨울을 삼키듯이 삼켜야 하는데. 얇은 옷을 입은 친숙한 얼굴들과 입가에 묻은 흰 국물 닦으며 웃는 시간이 나의…… 여름이었다는 걸 먼 곳에서 깨닫는다. 입가심으로 커피앤시가렛의 유기농 리쉬티도 마셔야 한다. ‡볼프강‡

뜻

[명사] 콩국에 말아서 만든 국수. 주로 여름에 얼음을 띄워서 먹는다.

크리스마스

8월 말쯤 되면, 크리스마스 생각을 한다. 정확히는 크리스마스트리 생각을. 새하얗게 눈 내린 이국의 장면을 상상하며 관련 영화를 찾아보기도 하고 캐럴을 듣기도 한다. "지금 이 추위 잘 간직해뒀다가 쨍쨍 더운 한여름에 쓸 거야"라는 한 드라마의 대사처럼 크리스마스의 기억을 폭염에 가져다 쓴다. 그나저나 크리스마스가 만일 여름이었다면 어땠을까? 사람들 손엔 딸기케이크 대신 빙수나 화채가 들려 있을지 모른다. 목도리 대신 부채도. "크리스마스 즈음해서 또 보자!" 여름 한가운데에 만난 친구에게 크리스마스의 힘을 빌려 다음을 기약하고 헤어지는 길. ‡능소화‡

뜻

[명사] 예수가 태어난 날을 기념하는 날. 12월 25일.

클로티드크림

여름엔 구름의 모양과 상태를 자주 점검한다. 그중에서 파란 하늘에 클로티드크림같이 뭉게뭉게 뭉쳐진 구름 보는 걸 좋아한다. 나이프로 살짝 떠서 식빵이나 팬케이크에 올려 먹고 싶다. 클로티드크림 하면 딸기잼이 절로 떠오른다. 낮의 하늘이 클로티드크림으로 가득한 날, 그날 밤하늘은 엎질러진 딸기잼처럼 유독 불그스름한 기운이다. ‡능소화‡

뜻
[명사] 저온 살균법 처리를 하지 않은 우유를 가열하면서 얻어진 크림. 일반적으로 딸기잼과 함께 스콘에 발라 먹는다.

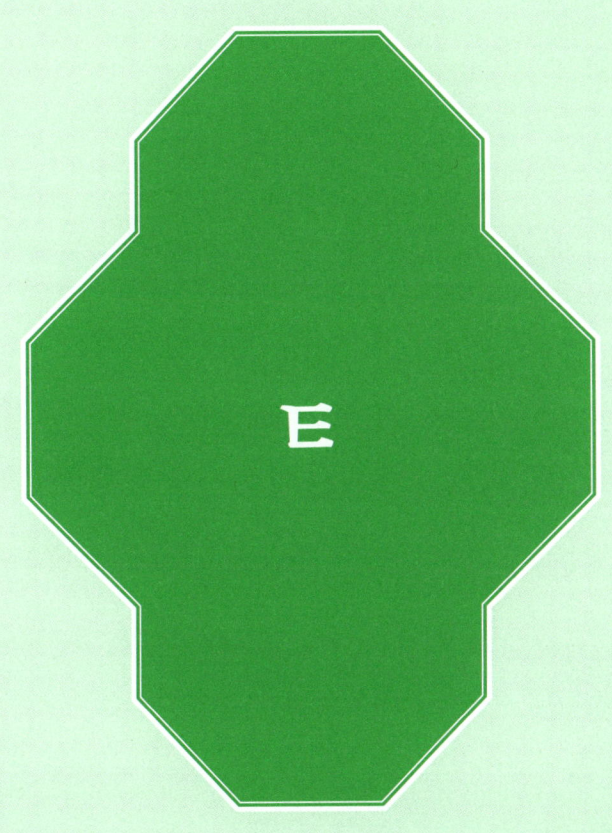

터지다 ◇ 텃밭 ◇ 토토 ◇ 튜브

터지다

여름 강화도는 반듯하고 청량하다. 낮은 건물과 나무들, 논과 밭, 이따금 보이는 바다. 사방으론 하늘이 시원하게 터졌다. 일직선 도로를 막힘없이 달리며 바람을 가로질렀다. 더위와 볕은 끝날 기미 없이 하루 종일 만연한데도 강화도의 여름은 왠지 아련하고 힘이 없다. 카페 '매화마름'은 내가 가장 좋아하는 곳. 이곳에서 블루베리 식빵을 뜯어 먹으며 포도밭을 구경했다. 주렁주렁 열린 포도와 그 너머까지를 상상하면서 부지런히 보이는 산 능선을 주르륵 타고 내려왔다. 강화도엔 또 낡은 슈퍼가 많고 꽃이 많고 곳곳에 시냇물이 졸졸 흐른다. 이상하리만치 사람이 없고 이야기도 없어 조용하다. 어느 도로든 양옆으로 녹빛이 넓게 터져 있다. 도시의 여름에 지칠 때, 강화도에 가는 이유다. ‡능소화‡

뜻

[동사] 막히거나 가려진 것 없이 탁 트이다.

텃밭

가지를 생으로 먹은 기억을 말하면 친구들은 허풍으로 여겼다. 여름의 맨살 같은 유월의 가지를 따자마자 한 입 베어 먹었던 어린 시절의 기억은 분명한데, 찾아보니 가지는 생으로 먹으면 좋지 않은 음식이라고 한다. 먹고 탈이 났더라면 다시 먹지 않았을 텐데. 나는 텃밭 가지를 종종 따 먹은 기억이 있다. 어디 가지만 먹었겠는가. 어린이의 호방함으로 텃밭에 있는 채소와 과일을 이것저것 맛보곤 했다. 맛이 쓰거나 떫을 경우 뱉어내면 그만이었다.

서너 살부터 시골집 텃밭은 나의 놀이터였다. 식구들의 식성을 두루 살피듯 대추나무, 감나무, 포도나무 골고루 심어진 뒷마당의 장독대 옆으로 난 쪽문을 열면 집터보다 두어 배는 큰 터에 사철나무 담장으로 보기 좋게 둘러싸인 텃밭이 있었다. 흙바닥이 안 보일 정도로 초록이 무성했던 여름 텃밭에는 소쿠리 가득 호박잎 따고 고춧대 세우느라 분주한 할머니와 할아버지가 계셨다. 할머니 머리에 두른 무명천 흰 머릿수건이 어린 눈에 대단한 치장처럼 보였는지 내 머리에도 똑같이 해달라고 조르곤 했다. 밭일하는 할아버지의 연장을 뺏어대려는 바람에 어느 장날엔 내 손에 꼭 맞는 작은 호미를 사주시기도 하셨다. 오와 열을 맞춰 심은 열무는 잘 솎아낸 덕분에 정갈한 모양새로 자랐다. 고랑 흙을 억센 뿌리로 움켜쥐고 한껏 자란 옥수수 그늘에는 토마토가, 고추가, 호박이 저마다 모양과 빛깔을 뽐내며 자랐다. 오미자 열매 줄줄이 꿰어 만든 목걸이와 흰 머릿수건을 두르고 서툰 호미질을 하며 그 여름의 텃밭에서 나는 푸성귀처럼 자랐다. 여름의 기억인데 떠올리면 어째서 이토록 선선한 기운만 도는지 모를 일이다. ‡유실‡

뜻
[명사] 집터에 딸리거나 집 가까이 있는 밭.

토토

떠나는 날, 토토는 아침부터 밤까지 아무것도 먹지 않았다. 집안 곳곳을 서클링 하고 절뚝이는 다리로 불편하게 소변을 보다가 그대로 바닥에 누워 발작을 일으켰다. 혓바닥은 입 밖으로 삐져나왔고 계속 헉헉거렸다. 그런 토토를 안아줄 수 없어 미안했다. 안아 들으려 하면 또 거품을 물고 발작을 일으켰기에. 밤 열한 시경. 토토의 발작이 멈추지 않아 동물병원에 가기로 했다. 엄마는 안절부절못하며 토토를 품에 안고 택시를 탔다. 스테로이드 안정제를 맞고 돌아오는 길, 토토가 집 앞 엘리베이터 안에서 또다시 발작을 심하게 했다. 그리고 정적. 토토는 그렇게 여름에 갔다. ‡능소화‡

[명사] 반려견의 이름.

튜브

물과 친해지고는 싶은데 물에 뜨는 법을 모르고 자주 겁을 먹어 물속에서 허우적거리는 사람을 발견하는 속삭임의 둘레. 괜찮아, 내가 너의 주변이 되어줄게. 물을 무서워하는 사람이 주변에 몸을 기대도 천천히 두 다리로 물길을 내며 앞으로 나아간다. 아직 수영은 할 줄 몰라 물장구를 치는 동작이 어색하지만 또렷한 눈망울을 닮은 둘레가 믿음직스러워서 부력을 키워낼 수 있다. "모든 구멍은 테두리를 능가하는 권능이 있"다는 한 시인의 말도 둥글게 둥글게 떠다닌다. 물에서 보호받은 사람은 스스로 테두리를 지워내야 하며 스스로 구멍이 되어야 한다. 텅 비어버리는 존재로서 자신을 지켜내야 한다.

‡낙서‡

뜻

[명사] 수영할 때 사용하는 물건. 보통 타이어처럼 생겼는데 가운데 구멍이 뚫려 있고 공기를 넣게 되어 있어서, 구멍에 몸을 끼우고 물에 들어가면 몸이 뜨게 된다.

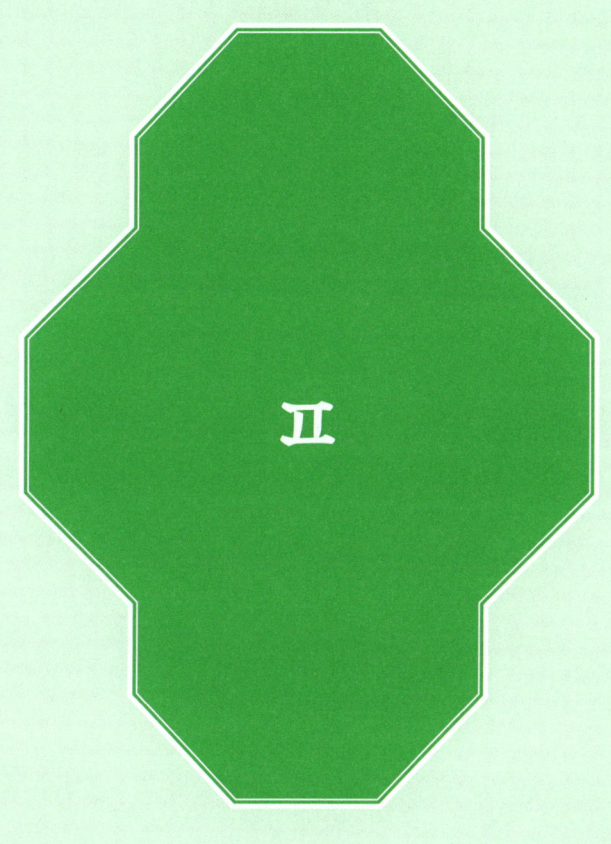

파라솔◇팔도비빔면◇팻 매스니◇평상◇포도
폭우◇폭포◇풀장◇풋사랑◇플룸라이드

파라솔

파도가 밀려오고 아이들이 쌓은 모래성이 조금씩 내려앉고 튜브 너머 수평선이 울렁거리는 그런 해변의 모래 위, 선베드 위, 파라솔, 그 파라솔이 아니지, 어디였지? 여름밤을 홀랑 새고도 모자라, 출근하는 사람들을 바라보며 편의점 파라솔 아래서 맥주를 마시던 동네가? 웃긴 걸로 질 수는 없지, 커다란 파라솔 아래서 재밌는 생각을 폈다 접을 때, 집에서부터 웃을 준비를 해온 것처럼, 안 웃기면 더 크게 웃어주던 펼쳐진 마음 아래, 어깨가 부드럽게 내려오고 맨발 끝에서 샌들이 흔들리던, 어느 여름일까? 그 커다란 파라솔 아래서 '이제 집에 가도 될 것 같아'

각자의 작은 양산을 펼치며 우리가 헤어질 때가.

‡김영미‡

뜻

1 [명사] 주로 해수욕장 따위에서 햇볕을 가리기 위하여 세워 두는 큰 양산.
2 [명사] 사람들이 햇볕을 가리기 위하여 쓰는, 우산 모양의 물건.

팔도비빔면

아직도 1.5인분 양의 팔도비빔면이 출시되지 않는 게 이해되지 않는다. 한 개는 적고 두 개는 많은 라면. 모두가 원하고 있는데 출시되지 않는 데엔 사연이 있을 것이다. 여름에는 항상 팔도비빔면 생각에 군침 돌 때가 많다. 찰진 면을 찬물에 씻어 새콤한 양념과 비벼 먹으면 여름을 좀 더 사랑할 수 있을 것만 같다. 겨울에도 먹을 수 있고, 소스만 따로 판매하여 구입할 수도 있겠지만, 제일 맛있는 건 한여름 밤에 끓여 나눠 먹는 것. 두 명이서 세 개를 끓인다면 마침맞은 양을 느낄 수도 있으니까. 응용 레시피가 많고, 유사한 비빔면도 다수 출시되었지만 여전히 원조는 팔도비빔면이라고 생각한다. 왼손으로 비비고, 오른손으로 비비는 광고 CM송을 흥얼거리지 않을 수 없는 대명사. 출출한 밤에 먹거나, 너무 무더워 부엌에 설 용기가 나지 않는 점심에도 좋다. 상비해두는 라면 중 하나이다. ‡넝쿨‡

뜻
[명사] 1984년에 출시된 인스턴트 비빔면.

팻 매스니

팻 매스니의 음악은 다채롭다. 강가에 살며시 흔들리는 수양버들 같으면서도, 밤 축제에 흥건히 퍼지는 불꽃놀이 같기도 하다. 멜로디의 움직임이 자유로운 그의 음악을 듣고 있으면 한번도 존재하지 않았던 기억이 불현듯 떠오르고 무엇보다 산과 하늘을 그저 바라보고만 싶어진다. 가장 좋아하는 두 곡 〈Alfie〉와 〈Naked Moon〉. 기타의 선율이 조각 기억들을 저만치서 데려온다. 이렇게 가슴 아프도록 소중하고 중요한 음악은 일상에서 잘 듣지 않는다. 이 음악을 들을 때만 느낄 수 있는 감정을 낭비하고 싶지 않아서이다. 아껴 먹는 초콜릿처럼 귀하게 여기고 싶다. 그렇기에 내 소중한 기억과 경험엔 대부분 팻 매스니의 음악이 있다. 행복한 무언가를 떠올리고 싶어질 때도 팻 매스니의 음악을 듣는다. 멜로디가 한날 전체를 물고 돌아온다. ‡능소화‡

뜻

[명사] 미국의 재즈 기타리스트이자 작곡가. 여름이면 꼭 듣는 음악.

평상

밤이면 식구들이 평상 위로 모였다. 사방이 열린 방. 먹을거리가 소복하게 쌓인 쟁반을 가운데 두고 이야기들이 둥글게 둥글게 돌림노래처럼 이어졌다. 밤이 더 깊어지면 처마 밑에서, 빨랫줄에 장대를 세워서 모기장을 쳤다. 모기장 사방의 모서리가 평상의 면적과 같은 크기를 그리며 하늘로 삐죽 솟아올랐다. 이불을 깔고 누우면 까만 밤하늘의 달과 별들이 모기장을 사이에 두고도 선명하게 보였다. 평상 위의 표류자가 되어 시공간을 초월해 어딘가로 떠밀리는 것 같았다. 선선해진 밤공기가 솔솔 잠을 불러왔다. 조금만 더 놀다 자고 싶은 마음에 모기장 밖으로 손을 뻗어 공연히 누렁이도 불러보고 모기장 까슬한 표면에 발바닥을 대고 문지르며 아는 노래는 한 번씩 다 불러보다 까무룩 잠이 들었다. 새벽녘에는 이슬에 눅눅해진 이불 감촉에 잠이 깨기도 했다. 조금만 더 자고 싶어 게으름을 피우다 보면 어느새 모기장도 이불도 다 사라지고 평상에 나 혼자 누워 있었다. ‡유실‡

뜻

[명사] 나무로 만든 침상의 하나. 야외에 놓아 앉거나 드러눕거나 식사 자리로 쓸 수 있게 만든 것.

포도

무더운 볕이 내리쬐는 푸른 넝쿨 사이로 보랏빛이 알알이 핀다. 송이송이 여물어가는 포도나무다. 포도알들은 좁은 집에 부대끼며 자란다. 너무 가까이 살결을 맞댄 탓에 서로를 멍들게 한다. 그러나 몸집은 점점 더 커지기만 한다. 포도알들은 겨울에 자라지 않는다. 서로의 체온이 뜨겁고 버거운 한여름에만 자란다. 여름날, 다 익은 그들은 완전히 짓무른 기색이다. 하지만 직접 만져보면 말캉하고도 당글당글하다. 다시 뒤로 물러난다. 해어지고 쭈그러들기 직전의 포도알들이 한집에 매달려 있다. 무심한 햇볕을 괜히 쳐다본다. 멍든 포도알 하나가 두 눈을 감아도 어려 있다. ‡기원‡

뜻

[명사] 포도과의 낙엽 활엽 덩굴성 나무 혹은 열매.

폭우

여름에는 모든 것이 우거진다. 운동장을 둘러서 있는 플라타너스의 청록색 잎사귀들은 무서운 속도로 영역을 확장하고 등나무 벤치 그늘에는 동그랗게 말렸다 펴지면서 기둥을 더듬어 오르는 덩굴손들, 체육복을 입은 중학생들은 플랭크 자세로 땡볕 아래 굴비 두름처럼 줄지어 엎드려뻗쳐 있다. 손바닥에 배겨오는 굵은 모래알. 길을 잃었는지 비틀비틀 머리를 이리저리 돌려가며 눈앞에서 기어가는 왕개미. 이 모래들도 바다에서 왔을까? 교문을 나서서 40분만 걸으면 해변에 갈 수 있지. 그렇지만 이 도시 사람들은 여름엔 바다에 가지 않는걸. 해수욕객들이 바다를 더럽히고 있기 때문에. 짝꿍 선희도, 충무에서 전학 온 현정이도, 청소 시간이면 교실 뒤에 밀어둔 책상 위에서 가부좌를 틀고 명상하는 소형이도, 교회 오빠에게 온통 관심이 쏠려 있는 말귀도, 반장 용봉이도, 전교 1등 진영이도 붉으락푸르락한 얼굴로 엎드려뻗쳐 있다. 철조망을 사이에 두고 운동장을 내려다보고 있는 대학 기숙사에서는 커튼을 걷고 땀 흘리는 여중생들을 담배를 태우며 구경하고, 오늘은 데모하러 안 나가나보네, 누군가 끙끙거리며 중얼거리면 얼굴이 얽은 체육 교사는 손때가 반들반들 묻어 윤이 나는 단단한 애착 막대를 들고 와 옆구리를 찌른다. 입 다물라 했나 안 했나.

　선희와 나는 단짝이었다. 우리는 같이 집에 가고, 횟집 골목을 지나 큰길 육교가 있는 데서 헤어지곤 했다. 여름이면 육교에 닿기 전에 구멍가게에서 딸기맛 맛기차를 사서 붉은 단물을 빨며 온갖 이야기를 했다. 선희의 이야기를 듣고 있으면 평범하고 행복한 청소년 드라마 속에 있는 것 같았다. 우리는 같이 도시락을 먹고 매점에서 깐돌이의 간식을 사 먹고 남은 점심시간에는 다른 아이들과 함께 운동장에 커다란 뼈다귀를 그려놓고 뼈다귀 게임을 했다. 뼈다귀의 이쪽 관절에서 저쪽 관절로 뼈다귀 바깥의 상대 팀에게 붙잡혀 끌려 나가지 않고 이동하는 게임이었다. 선희와 나는 월말고사 기간이면 같이 독서실을 다니고 때로 귀갓길에 서로의 집으로 가는 갈림길을 지나쳐 해변으로 갔다. 그리고 바닷가의 이쪽 끝에서 저쪽 끝까지 걸어가보려고 했다. 그러나 저쪽 끝은 생각보다 멀었다. 근처 병원 담장에는 철사로 매인 이상한 물고기 사진이 실린 포스터가 붙어 있었다. 철규를 살려내라. 철삿줄을 해명하라. 우리는 학생용 구두를 신은 채 파도에 양말을 적시고, 그래서 젖은 양말을 넣은 구두를 손에 들고 이쪽의 이쪽 끝에서 아직 저쪽이 아닌 어딘가를 끝없이 오갔고, 햇빛이 잘 익은 귤처럼 익을 때까지 그랬다. 지난겨울에 여기서 미대 졸업전시회 했던 것 봤

어? 커다란 액자 틀을 바다 쪽으로 전시했었어. 액자 틀에 올라서면 수평선이 있는 그림 속에 들어간 것처럼 보이는 거야. 그렇구나.

하지만 나는 그 겨울 어느 일요일 이른 아침에 트라이포드에서 뛰어내린 사람이 모래사장에 밀려 와 있는 것을 본 것은 이야기해주지 않았다. 그는 퉁퉁 불어 눈 코 입의 경계가 분명하지 않았다.

어느 날은 바닷가 태양맨션에 사는 진영이네 집에 불쑥 간 적도 있었다. 우리는 아직 집에 도착하지도 못했는데, 진영이는 벌써 옷을 갈아입고 책상에 교과서와 문제집을 펼쳐 놓고 있었다. 와아, 벌써 공부하고 있었나. 진영이는 사교적인 미소를 띠고 환대하지도 박대하지도 않았다. 진영이 공부하게 우리는 가자. 그러자.

선희와 함께하지 않는 시간에 나는 어린 동생을 보거나 책을 읽거나 라디오를 듣거나 교회에 갔다. 평일 교회의 지하 중고등부실에는 아버지가 일곱 명이라든가, 신문지에 둘둘 만 칼을 품고 다니는 고등부 오빠가 있었다. 이걸 가지고 다니면 힘이 생겨. 예수는 자기가 평화가 아니라 칼을 주러 왔다고 했다. 치솟는 호르몬을 힘찬 목소리의 복음성가로 뿜고 있는 아이들. 전직 학원 영어 강사였던 목사는 수련회에서 공부 잘하는 법을 강의했다.

밤에는 끝없이 일기를 썼다. 어떤 날에는 열 장씩 쓰

기도 했다. 4학년 때 같은 학교에 다니던 주희라는 아이에게 보내는 편지 형식이었다. 나는 그 아이에 대해서는 얼굴 말고는 아는 것이 없었다. 동네 서점에서 산 『박인환 시집』과 『데미안』을 네 번쯤 읽고 나서, 나는 속으로 점점 다른 사람이 되어갔다. 책장에 있던 전혜린 수필집에 손을 대자 엄마는 그 책을 안방 침대 밑에 숨겨버렸다. 그래서 나는 그 책을 읽고 다시 침대 밑에 넣어놓았다.

3년 만에 서울로 돌아가게 되어 마지막으로 등교했던 날, 육상부였던 나에게 육상부 코치이자 체육 교사였던 담임은 잠시 비가 그친 테니스 코트 흙바닥에 커다란 롤러를 굴려 평평하게 만들라고 했다. 그는 어쩐지 서운한 게 있는 것 같았다. 나는 잘 달렸다. 롤러는 무겁고 거대했다. 괜찮아. 나는 힘이 세니까.

점심시간에 나는 떠나게 되어 있었다. 비가 미친 듯이 쏟아지기 시작했다. 운동장에는 아무도 없었다. 선희와 나는 비를 맞으며 운동장을 하염없이 돌았다. 영원히 돌았다. 우리는 머리부터 발끝까지 젖었다. 나는 이제 선희에게 쓰는 편지를 일기로 쓰게 될 것이다. 내 속에 있는 이 다른 사람을, 일기장에서라면 보여줄 수 있을 것이다. 미친 듯이 쏟아지는 비는 테니스 코트에 물웅덩이를 만들고 운동장에 그려진 뼈다귀를 지우고 커다란 플라타너스 잎사귀들을 척척 때리고 철조망 너머 대학 기숙사

창문은 모두 닫혔다. 바닷가 모래사장은 젖었을 것이다. 개미집에는 홍수가 났을 것이다. 바다는 잿빛일 것이다. 무한한 물 위에 무한한 빗방울들이 떨어지고 있을 것이다. 35년쯤 후에 우리는 전화 통화를 하게 될 것이다. 네가 쓴 이상한 편지들 때문에 네가 시인이 되어 있을 거라고 생각했어, 라는 말을 듣게 될 것이다. 그 이후로 나는 너에게 매일 편지를 썼지만, 우체통에 넣은 편지들과는 무척 다르다는 이야기는 하지 않을 것이다. 그렇구나. 천둥 번개가 치기 시작했다. ‡정한아‡

뭇

[명사] 갑자기 세차게 쏟아지는 비.

폭포

여름만큼 중력을 실감하는 때가 또 없다. 시도 때도 없이 땀이 흐르고 옷차림이 가벼워도 몸은 자꾸 축축 처진다. 아스팔트에서 올라오는 열이 나를 옭매고 잡아당기는 것 같다. 고꾸라지기 일보 직전이다. 초읽기에 들어간 곤두박질이다. 주저앉기 전에 콸콸 쏟아지는 폭포를 바라본다. 진심이다. 전력全力이다. 이왕 내동댕이쳐질 거라면 시원하게 몸을 던지라는 듯 쉬지 않고 들이붓는다. 한마음이다. 안간힘이다. 실시간으로 모든 걸 다 쏟아붓는데도 계속해서 생겨난다. 뿜어져 나온다. 중력을 거스르고 절벽까지 올라온 사람만이 폭포를 볼 수 있다. 가을 나고 겨울 지나 봄 건너 여름까지 왔기에 살아 있음이 이토록 생생한 것인지도 모른다. ‡오은‡

뜻

[명사] 절벽에서 곧장 쏟아져 내리는 물줄기.

풀장

여름엔 물놀이가 제철이다. 에어컨 바람이 내 겉만 식히고 있다 싶을 때 크고 너른 물에 온몸을 던져 넣고 싶은 충동이 인다. 동네 수영장으로 향한다. 발바닥에 닿는 선득한 타일의 감촉, 훅 끼쳐오는 싸한 물 냄새, 눈을 채우는 푸른 사각형. 조심스레 하강해 물의 품에 안긴다. 모두가 물을 가르고, 갈라진 틈을 포말이 채우고, 이따금 호루라기 소리가 먹먹해진 귀로 아득하게 들려온다. 천장의 선을 따라 배영을 하고 있자면 얼굴에 똑똑 물방울이 떨어지고 몸을 뒤집으면 젖은 빛들이 바닥에 일렁인다. 나는 '수영장'보다 '풀장'이라는 단어를 좋아한다. 수영장은 사철 갈 수 있는 곳 같지만 풀장은 여름 한정판 같아서. 풍덩 뛰어들어 더위에 졸아붙은 몸을 풀어헤칠 수 있는 푸른 웅덩이. ‡홍인혜‡

뜻
[명사] 수영을 할 수 있도록 일정한 시설을 갖춘 곳.

풋사랑

사랑 앞에 접두사 '풋'이 붙으니 무얼 하든 다 미숙해 보인다. 풋잠이나 풋내기도 같은 뜻으로 쓰인 말이다. 미숙하거나 깊지 않은 무언가를 말하고자 할 때 앞에 '풋'이 붙는다. 풋과일을 말할 때 '풋'은 "처음 나온, 또는 덜 익은"이라는 뜻이다. 무슨 단어든 그 앞에서 한 번 비웃으면(풋!) 엉성한 것이 된다. 없는 말도 지어내보고 싶다. 풋꿈이라든가, 풋마중이라든가, 풋구름이라든가……. 처음으로 같은 학급에서 좋아하는 아이가 생겼던 여름날이 떠오른다. 그 아이는 우스꽝스러운 모습을 좋아해서 앞에서 자주 넘어지는 척도 하고 일부러 소란스러운 장난을 치다 선생님께 불려 매를 맞기도 했지. 포니테일 머리에 빨간 안경. 이것이 좋아하는 마음인 줄도 모르고 어정쩡한 자세로 품으며 하교하는 아이의 뒷모습만 쳐다봤지. 집으로 돌아오면 메신저를 켜서 쪽지도 주고받고 서로 미니홈피에 방문해 안부를 나누기도 했다. 꼭 그럴

때면 문틈으로 새어 들어오는 구름과 바람의 손길이 머리칼을 쓸어 넘겨주었지. 곧 여름 방학이 온다는 뜻이었다. 그 아이에게는 끝내 좋아한다는 말 한마디 표현해보지도 못했다. 초등학교를 졸업할 때까지도. 마음의 깊이를 모르면 어린 걸까. 마음은 어떻게 측량할 수 있는 걸까. 들뜨면 안 되는 걸까. 한낱 풋사랑일 뿐이야, 그런 말을 많이 들었다. 미숙한 사랑은 꼭 여름날에만 있었다. 빛을 한가득 쥐고 싶을 때마다 빠져나가는 틈새들이 있었다. 풋여름에만 그랬다. 그때 마음은 비뚤어진 자세로 앉아 있는 편지지였다. ‡낙서‡

뜻
[1] [명사] 어려서 깊이를 모르는 사랑.
[2] [명사] 정이 덜 들고 안정성이 없는 들뜬 사랑.

플룸라이드

물에 젖지 않을 각오와 젖을 각오가 동시에 끼어드는 공중에서 낙하의 순간을 기다린다는 것은 플룸라이드가 선사하는 가장 큰 스릴이다. 인공 물살을 가로지르며 땅으로 솟구쳐 내릴 때 사방으로 튀는 물과 그 사이를 지나온 얼굴들. 보기만 해도 시원하고 아찔하게 느껴진다. 같은 보트에 탔는데 한 사람만 와장창 젖어 있기라도 하면 웃음이 나온다. 서로 덜 젖으려고 안간힘을 쓰다가 물에 젖은 옷이 다 마를 때까지 또 하염없이 놀이공원을 서성이기도 할 것이다. '후룸라이드'라고 더 많이 부르는 이 놀이기구는 국내의 유명한 놀이공원에서 모두 운영 중인 기구다. 특히 한 놀이공원에는 플룸라이드 안내 문구로 '물이 많이 튈 수 있습니다. 정수된 물이니 안심하세요!'라는 안내 문구가 적혀 있다. 작열하는 태양 아래서, 가장 시원하게 여름을 횡단하는 방법 중 하나가 아닐까. 물론 순식간이지만, 찰나가 아닌 감동은 없다. ‡넝쿨‡

[명사] 놀이기구 중의 한 종류이며, 배 모양의 차량과 높은 낙하구간을 지니고 있다.

할머니◇호수공원◇홍수◇홀◇화채
후드득◇후터분하다◇휴가

할머니

어느 해부턴가 할머니는 자주 아프셨다. 긴 해가 다 저물도록 등만 보이고 누워 계시는 날이 많았다. 덜컹덜컹 사나운 소리를 내며 좀체 방향을 바꾸지 못하는 낡은 선풍기와 나는 할머니 곁을 지켰다. 할머니의 시간은 흐르지 않고 그 방 가득 고여 있었다. 그러다 밤이 되면 할머니는 조금씩 기운을 차리셨다. 몸을 세워 앉아 계시다가 마당으로 나와 걷기도 하고 낮에 미뤄뒀던 소일도 하셨다. 어느 날 밤에 우리는 함께 목욕을 했다. 할머니와 내가 작은 통 안에 거의 포개져 담겼다. 그날 물의 온도는 기억나지 않는다. 다만 할머니의 살결이 어린 눈으로 보기에 할머니의 나이보다 젊게 보여 의아했다. 주름진 손등, 얼굴과는 대조적으로 희고 매끄러웠던 할머니의 속살. 물에 젖어 반짝거리던 흰 머리카락. 할머니의 모습이 신비롭게 느껴졌다. '어쩌면 할머니는 영원히 죽지 않을지도 몰라.' 그런 기도 같은 생각을 품기도 했다. 할머니의 비밀을 내가 다 알아버린 것 같았다. ✻유실✻

[명사] 엄마의, 아빠의 어머니를 이르는 말.

호수공원

호수공원을 좋아한다. 한여름엔 좋아하지 않는다. 너무 강한 열기. 지나치게 커다래진 나무들. 화가 난 건지, 들뜬 건지 알 수 없는 사람들. 자신의 생명력이 영원할 것처럼 구는 그 모든 무성함과는 되도록 접촉하고 싶지 않다. 하지만 산책이라도 하지 않으면 견딜 수 없는 밤은 여름에도 있다. 그런 날엔 운동화를 신고 호수공원에 간다. 부채질하며 걷는 이들의 땀 냄새도 아랑곳하지 않고, 입 속으로 날벌레가 들어오는지도 모르고 걷는다. 더위와 대결하듯 앞서나가는 러너들에게 시시각각 추월당하며 등이 뻐근해질 때까지 걷는다. 분수 쇼가 시작되면 언제나 작은 소란이 인다. 나도 걸음의 방향을 틀어 난간으로 다가선다. 난간에 기대 선 사람들과 함께 짧고 화려한 쇼를 관람한다. 손뼉도, 가끔은 친다. ‡이새해‡

[명사] 호수의 주변에 조성되어 경치를 감상하며 휴양이나 놀이 따위를 할 수 있게 마련된 사회 시설.

홍수

나는 한여름에 태어났다. 내가 태어나고 얼마 지나지 않아 서울엔 홍수가 났고, 중곡동 우리 집이 물에 잠겼다. 엄마는 한 달도 안 된 어린 나를 데리고 허벅지까지 잠기는 물을 헤치고 나왔다 한다. 참고로 내 사주에는 물이 많다. 여름의 홍수. 세찬 비와 바람의 무자비함을 나는 무서워하면서도 어쩐지 동경한다. 물은 무서운 것이다. 많은 물, 힘이 센 물. 여름에 세차게 내리는 빗소리와 천둥소리, 번쩍이는 낙뢰. 속절없이 그런 것들이 좋아져버릴 때가 있다. 그 물의 흉악함이 누군가를 익사시킬지 모르는데도.

아마도 홍수는 사랑과 닮아 있는 것. 밀려들어 오는, 휩쓸려가는, 그 속에 잠기면 숨을 쉴 수 없는 천재지변의 끔찍한 무서움이 사랑의 횡포와 비슷하기 때문에.

홍수라는 말엔 한편 쏟아지는 즐거움도 들어있다. 빛의 홍수, 행복의 홍수, 기쁨의 홍수. 축복의 홍수, 홍수처럼 쏟아지는 웃음. 절망은 절대로 홍수처럼 쏟아지지 않는다. 절망은 엄습하고 차오른다. 가능하다면 희망의 홍수 속에 있고 싶다. ‡박시하‡

뜻

1 [명사] 비가 많이 와서 강이나 개천에 갑자기 크게 불은 물.
2 [명사] 사람이나 사물이 많이 쏟아져 나옴을 비유적으로 이르는 말.

홑

홑은 '간결하여 아름다운 혼자'를 떠올리게 한다. '혼자'는 남겨진 기분이지만 '홑'은 작은 하나로 충분히 단련돼 완성에 도달한 순결한 무엇처럼 느껴진다. 홑은 무흠하다. 조금의 고집스러움도 묻어 있다. 홑이불, 홑치마처럼 여름 생활에 쓰임이 있는 것을 일컫는 단어의 홑은 얇고 가벼운 뜻을 더한다. 그러나 '홑숲'이라는 단어를 만나면 끝을 알 수 없게 깊고 아득한 기분에 던져진다. '한 종류의 나무로만 이루어진 숲'이란 뜻의 홑숲. 초록의 무성함이 가득한 그 숲 한복판에 나도 높고 거대한 홑으로 남겨진 기분. ‡유실‡

뜻

1 [명사, 접사] 짝을 이루지 않은, 겹으로 되지 않은 것.
2 [명사, 접사] 한 겹으로 된, 하나인, 혼자인 뜻을 더하는 접두사.

화채

어릴 적 다 같이 둘러앉아 나눠 먹었던 음식을 떠올리며 혼자 그것을 다시 먹어볼 때, 예전의 맛이 느껴지지 않는다고 생각한다. 특히 화채가 그런 음식 중 하나다. 실과 시간에 높낮이가 낮은 책상을 붙여 앉고, 화채를 만들어 먹었던 실습이나 친구 자취방에 모여 앉아 있는 재료 없는 재료 모두 꺼내다가 만들었던 기억들. 기억이 맛있다는 말을 떠올리게 된다. 화채는 원래 배나 유자, 잣, 석류 등을 썰어 꿀물에 타서 먹는, 중양절(음력 9월 9일)에 먹는 계절식이었다고 한다. 이제는 제철 과일을 넣어 차갑게 먹는 여름철 음식이 되었다. 화채는 '꽃 화花'에 '나물 채菜'를 쓴다. 특히 '꽃 화花'를 쓴 것이 신기한데, 오색 재료들을 넣은 모습이 꽃처럼 화려하고 아름다워서일지도 모르겠다. ‡넝쿨‡

🟢 뜻

[명사] 꿀이나 설탕을 탄 물이나 오미잣국에 과일을 썰어 넣거나 먹을 수 있는 꽃을 뜯어 넣고 잣을 띄운 음료.

후드득

터지고 쏟아진다. 녹아버리고 흘러내린다. 미끄러지고 불타오른다. 엎어지고 덮어진다. 열리고 채워진다. 솟아오르고 소리친다. 날아오르고 가라앉는다. 깨지고 달아난다. 펴지고 털어낸다. 밀려오고 사라진다. 타들어 가고 굵어진다. 튀어 오르고 부딪힌다. 맺히고 떨어진다. 여름이 온다. ‡능소화‡

뜻

[부사] 굵은 빗방울 따위가 갑자기 떨어지는 소리.

후터분하다

자연의 기운에 일순간 압도되는 일이 좋다. 그것은 인간으로서의 세상에 가지고 있는 기만을 꺾고 싶은 마음일지도 모르겠다. 자연 앞에서는 한없이 작아진다는 것을. 특히 여름이나 겨울처럼 기온이 크게 오르내리는 날이면 자주 실감한다. 후터분하다는 것은 불편함에 더 가까운 기운이다. 처음 두바이에 갔을 때, 공항을 빠져나오는 자동문이 열리자마자 느꼈던 기운도 후터분함이다. 세상의 모든 빨간색들이 내 온몸을 물고 놓아주지 않는 더위였달까. 아니면 뜨거운 도장으로 나의 온몸을 꾹꾹 누르는 듯한 기분. 태국의 방콕이나 치앙마이에 갔을 때도 마찬가지다. 숨을 쉬면 더운 열기에 호흡이 제대로 느껴지지 않는다. 들숨과 날숨까지도 뜨겁게 느껴지는 날이면 후터분하다는 감각을 온전히 느낀다. 아쉽게도 그런 기분을 외국에서 이국적으로 느끼는 것이 아니게 되었다. 한국의 무더위도 어디에서 빼놓을 수 없게 되었으니까. 작열하

는 태양이 세상을 고루 데워놓았으므로, 밤에도 그 열기는 식지 않는다. 후터분한 밤이라고 느껴진다면 잠은 반쯤 포기해야 할지도. 뜨거운 자갈 속을 의미 없이 헤엄치다 보면 어느덧 아침이 된다. 후터분함이 길게 내려앉은 여름의 아침은 덜컥 생겨버린 숙제 같다. ‡넝쿨‡

뜻
[형용사] 불쾌할 정도로 무더운 기운이 있다.

휴가

공간A는 호텔 수영장이다. 아무도 이곳에 살지 않는다. 이 공간은 공통의 역사, 치욕과 부끄러움의 역사가 없기 때문에 완전한 장소가 될 수 없는 표류하는 것이다. 이 부표들을 이어 붙여 영토를 만들겠다는 허무맹랑한 상상은 연인 관계에서만 가능하다.

이것은 우리의 나라다. 아무도 찾을 수 없고 어떤 군함도 정복할 수 없으며 어떤 나라와도 무역하지 않지만 어떤 난민도 내쫓지 않는 우리의 나라다. 이 나라는 오로지 표류하는 장소들로 구성되어 있으며 이 장소들은 서로 미끄러지고 부딪치며 쉴 새 없이 금을 만든다.

국경 없는 곳에서, 국경이 모두 허물어진 곳에서 이 나라가 탄생한다. ‡이유운‡

뜻
[명사] 직장·학교·군대 따위의 단체에서, 일정한 기간 동안 쉬는 일. 또는 그런 겨를.